Langenscheidt

Verbtabellen

Deutsch

von Sarah Fleer

Langenscheidt

Berlin · München · Wien · Zürich · New York

Herausgegeben von der Langenscheidt-Redaktion
Layout: Ute Weber

www.langenscheidt.de

© 2009 by Langenscheidt KG, Berlin und München
Satz: kaltnermedia GmbH, Bobingen
Druck: CS-Druck CornelsenStürtz, Berlin
Bindung: Stein+Lehmann, Berlin

Printed in Germany

ISBN 978-3-468-34112-0

09010

Benutzerhinweise

Die Langenscheidt Verbtabellen Deutsch wurden für Sie vollständig neu bearbeitet und sind nun noch benutzerfreundlicher, informativer und übersichtlicher. Die zweifarbige Gestaltung (Beispielsätze und Wendungen, in denen das jeweilige Verb vorkommt, sind auf den Textseiten hellblau hervorgehoben, erklärende Umschreibungen kursiv) und viele selbsterklärende Symbole tragen dazu bei, dass Sie einen guten Überblick über die wichtigsten deutschen Verben, ihre Grammatik und über die unterschiedlichen Konjugationsmuster bekommen. Die Verbtabellen Deutsch richten sich vorwiegend an Lerner, für die Deutsch eine Fremdsprache ist. Aber auch Muttersprachler profitieren von den umfangreichen Konjugationstabellen, in denen sich selbst schwierigere Verbformen nachschlagen lassen.

Konjugationstabellen

Auf 70 Doppelseiten werden die wichtigsten deutschen Verben und ihre Konjugationsmuster dargestellt. Auf der linken Seite wird dabei das jeweilige Verb in einer Konjugationstabelle in allen relevanten Zeiten und Modi konjugiert abgebildet. (1) Hier sehen Sie, zu welcher Konjugationsgruppe das Verb gehört. (2) Die Konjugationsnummer ordnet das Verb einem speziellen Konjugationsmuster zu. Sie ist wichtig, damit Sie auch andere Verben (z.B. all jene, die Sie in den Alphabetischen Verblisten am Ende des Buches antreffen) einem bestimmten Konjugationsmuster zuweisen können.

(3) Gelegentlich finden Sie hier eine Kurzbeschreibung der wichtigsten Merkmale des jeweiligen Verbs. (4) In der Konjugationstabelle werden die Verbformen vollständig abgebildet, wobei auf den Musterkonjugationsseiten (z.B. zum Passiv) die typischen Formen bzw. Endungen dunkelblau hervorgehoben sind. Jene Formen, die eine Ausnahme darstellen und daher besonders schwierig sind, werden auch auf den später folgenden Seiten mit Konjugationstabellen stets hellblau hervorgehoben. Abweichende Schreibweisen, z.B. bei einzelnen Buchstabenänderungen in einer bestimmten Verbform, werden durch fett gesetzte Buchstaben betont. (5) Die Personalpronomen werden durchgängig aufgeführt, um die einzelnen Personen besser zuordnen zu können.

3

Infoseiten

Auf der rechten Seite finden Sie zusätzliche Informationen zum jeweiligen Verb
in Form von konkreten Anwendungsbeispielen ⑥ und festen Redewendungen ⑦, alternativ manchmal auch
Sprichwörter oder Witze. In der Rubrik
Ähnliche bzw. Andere Verben ⑧ sind
Synonyme und/oder Ableitungen bzw.
Antonyme aufgeführt. Unter Gebrauch
⑨ finden Sie Hinweise, wie das Verb in
der Praxis verwendet wird. Alternativ
weisen wir Sie in der Rubrik Aufge-
passt! auf formale Besonderheiten und
mögliche Stolpersteine hin. Gelegentlich finden Sie auch die Rubrik Tipps &
Tricks ⑩, die z. B. auf Verben mit dem
gleichen Konjugationsmuster oder auf
praktische Hilfen verweist. Im Anmer-
kungsfeld ⑪ können Sie weitere
Verben mit demselben Konjugationsmuster ergänzen und somit Ihren Wortschatz aktiv erweitern.

Tipps & Tricks

Damit Ihnen der Einstieg in die verschiedenen Konjugationsmuster der
deutschen Verben leichterfällt, verraten wir Ihnen vorab in einem Extra-
Teil ein paar Tipps & Tricks zum Konjugationstraining.

Grammatik rund ums Verb

In der Grammatik rund ums Verb werden in Kürze alle relevanten Grammatikthemen behandelt, die Sie beherrschen sollten, um die deutschen Verben
richtig verwenden und konjugieren zu
können.

Symbole

Folgende Symbole werden Ihnen in der
Grammatik rund ums Verb begegnen:
Unter ❶ erhalten Sie Informationen zu
den speziellen Spracheigenheiten des
Deutschen sowie zum landestypischen
Sprachgebrauch.
Unter ☼ finden Sie einen Merksatz,
den Sie sich gut einprägen sollten.
⬅ Hier wird der Sprachgebrauch im
gesprochenen dem geschriebenen
Deutsch gegenübergestellt.
⚡ weist Sie auf Stolpersteine hin, damit
Sie diese möglichen Fehlerquellen ver-
meiden können.
◑ signalisiert Ihnen, dass es sich hier
um eine Ausnahme oder Sonderform
handelt, die Sie sich besonders gut
merken sollten.
Das Symbol ▷ verweist auf andere
Stellen im Buch, die Sie sich bei dieser
Gelegenheit ansehen sollten.

Niveaustufenangaben gemäß dem Europäischen Referenzrahmen

In der Grammatik rund ums Verb treffen Sie mitunter auch auf folgende Niveaustufenangaben: A1 , A2 , B1 , B2 . Diese verraten Ihnen, welche Grammatikthemen und welche Regeln für Ihr Lernniveau relevant sind. Die Niveaustufen beziehen sich nicht nur auf das jeweilige Grammatikkapitel, sondern auch auf das in den Beispielsätzen verwendete Vokabular. So wissen Sie auch genau, dass Ihnen dieser Wortschatz bekannt sein sollte.

In der Praxis heißt das: Ist ein Grammatikkapitel beispielsweise der Niveaustufe A1 zugeordnet, so sind alle verwendeten Vokabeln A1, es sei denn, sie sind mit einer anderen Niveaustufe, z. B. A2 (direkt vor dem jeweiligen Wort oder Satz), versehen. Alle in diesem Kapitel enthaltenen Grammatikregeln sollten Sie dann beherrschen, es sei denn, eine Niveaustufenangabe am Rand weist Sie darauf hin, dass diese Regel für ein höheres Niveau, z. B. B1 , bestimmt ist.

Hier eine kurze Erläuterung, welche Kenntnisse auf die einzelnen Niveaustufen des Europäischen Referenzrahmens zutreffen:

A1/A2: *Elementare Sprachverwendung*, d. h.
A1 : Sie können einzelne Wörter und ganz einfache Sätze verstehen und formulieren.
A2 : Sie können die Gesprächssituationen des Alltags bewältigen und kurze Texte verstehen oder selbst verfassen.

B1/B2: *Selbstständige Sprachverwendung*, d. h.
B1 : Sie können sich in den Bereichen Alltag, Reise und Beruf schriftlich und mündlich gut verständigen.
B2 : Sie verfügen aktiv über ein großes Repertoire an grammatikalischen Strukturen und Redewendungen und können im Gespräch mit Muttersprachlern bereits stilistische Nuancen erfassen.

C1/C2: *Kompetente Sprachverwendung*, d. h.
C1 : Sie können sich spontan und fließend zu verschiedenen auch komplexen oder fachspezifischen Sachverhalten äußern und sich schriftlich wie mündlich an die stilistischen Erfordernisse anpassen.
C2 : Sie können mühelos jeder Kommunikationsform in der Fremdsprache folgen und sich daran beteiligen. Dabei verfügen Sie über ein umfassendes Repertoire an Grammatik und Wortschatz und beherrschen die verschiedenen Stilebenen von formell bis informell.

Verben mit Präposition und Alphabetische Verblisten

Am Ende des Buches finden Sie eine Auflistung einiger deutscher Verben, die mit verschiedenen Präpositionen verwendet werden können. Die Alphabetischen Verblisten ermöglichen Ihnen ein schnelles Nachschlagen der Verben sowie eine leichte Zuordnung von rund 1500 Verben zu den verschiedenen Konjugationsmustern.

Inhaltsverzeichnis

Grammatik rund ums Verb

Konjugationstabellen und Infoseiten

Abkürzungen

d. h.	das heißt	*Pers.*	Person
etc.	et cetera	*Pl.*	Plural
etw.	etwas	*Sing.*	Singular
jmd.	jemand	*umgs.*	umgangssprachlich
jmdm.	jemandem	*usw.*	und so weiter
jmdn.	jemanden	*z. B.*	zum Beispiel
jmds.	jemandes		

Tipps & Tricks zum Konjugationstraining

Um Verben richtig konjugieren zu können, muss man nicht zwingend stoisch ganze Verbkonjugationen, Zeitformen und Endungen auswendig lernen oder gar hundertmal das gleiche Konjugationsschema abschreiben. Nein, Verben konjugieren kann Spaß machen und auf unterhaltsame Weise erlernt werden. Um Ihnen den Umgang mit deutschen Verben leicht zu machen, verraten wir Ihnen hier einige praktische Tipps & Tricks zum Konjugationstraining.

Pioniergeist ist gefragt

Versuchen Sie, die Andersartigkeit der Fremdsprache und ihrer Konjugationsmuster nachzuvollziehen. Sehen Sie das Erlernen der verschiedenen Zeiten, Formen und Verben einer Fremdsprache als Chance, Ihren eigenen Erfahrungsschatz zu erweitern, als Einblick in Denkweisen, die Ihnen nicht vertraut sind, die für andere Menschen, die diese Sprache täglich sprechen, aber ganz selbstverständlich sind. Zeigen Sie Pioniergeist! Lassen Sie Ihrer Freude am sprachlich Neuen, Fremden und Andersartigen freien Lauf!

Das Gesetz der Regelmäßigkeit

Konjugationstraining ist wie Krafttraining fürs Gehirn. Wer nur einmal alle Jubeljahre trainiert, wird wohl kein Fitnessgenie. Es ist sinnvoller, regelmäßig ein wenig als unregelmäßig viel zu lernen. Setzen Sie einen bestimmten Zeitpunkt fest, zu dem Sie sich ungestört dem Konjugationstraining widmen können, z. B. täglich eine Viertelstunde vor dem Einschlafen oder drei Mal wöchentlich in der Mittagspause. Wie immer Sie sich entscheiden: Lernen Sie kontinuierlich, denn nur so trainieren Sie auch Ihr Langzeitgedächtnis.

Aufwärmen lohnt sich

Gelernten Stoff zu wiederholen, ist wie leichtes Joggen: Laufen Sie sich warm mit Altbekanntem, bevor Sie sich an Neues wagen. Auch wenn Sie noch nicht alle Konjugationsmuster einer Sprache kennen und noch viel Neues vor sich haben, darf das bereits Erlernte nicht vernachlässigt werden. Wiederholen Sie auch Konjugationen, die Sie schon gut können, das macht Spaß und hält fit.

Das Salz in der Suppe

Versuchen Sie niemals, sich zu viele Konjugationsmuster auf einmal einzuprägen. Sie verlieren sonst schnell den Überblick und laufen Gefahr, sich etwas Falsches zu merken oder gar die verschiedenen Konjugationen durcheinanderzuwerfen. Verbkonjugationen sind wie das Salz in der „Fremdsprachen-Suppe". Ebenso, wie man eine Suppe versalzen kann, kann man sich das Erlernen einer Fremdsprache erschweren, wenn man versucht, sich zu viel gleichzeitig zu merken. Lernen Sie langsam, stetig und zielorientiert und verdauen Sie in kleinen Häppchen. Nur Geduld!

L! Eigenlob stinkt nicht immer

Schauen Sie auf das, was Sie bereits erreicht haben. Loben Sie sich für Ihre Fortschritte oder belohnen Sie sich für gute Leistungen. Lob motiviert und Motivation ist eine grundlegende Voraussetzung fürs Lernen.

L! Schluss mit dem Fachchinesisch

Wenn Sie etwas Neues lernen, kommen immer auch neue Fachbegriffe auf Sie zu, die Sie kennen sollten. Wählen Sie gezielt nach und nach einzelne Grammatikbegriffe aus (▷ Terminologie) und machen Sie sich mit ihrer Bedeutung vertraut. Sie werden sehen, dass es Ihnen im Laufe der Zeit leichterfallen wird, die unterschiedlichen Konjugationsmuster und Zeitformen einer Fremdsprache nachzuvollziehen, wenn für Sie die Fachterminologie nicht mehr Fachchinesisch ist.

L! Hemmungslos werden

Auch wenn die Beschäftigung mit Verbkonjugationen nicht zu Ihren bevorzugten Freizeitaktivitäten gehört, sollten Sie, um Abneigungen, Hemmungen oder Widerwillen abzubauen, die Konjugationsmuster mit anderen, alltäglichen Regeln vergleichen. Straßenverkehrsregeln, mathematische Grundregeln, Regeln von Sportarten etc. sind Ihnen heute völlig vertraut, doch auch diese haben Sie irgendwann gelernt. Auch die Regeln, die den Verbkonjugationen zugrunde liegen, werden Sie eines Tages verinnerlicht haben und, ohne darüber nachdenken zu müssen, intuitiv anwenden können.

L! Fehleranalyse gegen Fettnäpfchen

Haben Sie keine Angst vor Fehlern! Es ist nicht das Ziel des Lernens, keine Fehler zu machen, sondern gemachte Fehler zu bemerken. Nur wer einen Fehler im Nachhinein erkennt, kann ihn beim nächsten Mal vermeiden. Das Beherrschen der unterschiedlichen Konjugationsmuster einer Fremdsprache und das Verinnerlichen von Musterkonjugationen ist dabei durchaus hilfreich: zum einen, um einen Fehler nachvollziehen zu können, und zum anderen, um nicht ein zweites Mal in dasselbe Fettnäpfchen zu tappen.

L! Haben Sie einen Typ?

Finden Sie heraus, welcher Lerntyp Sie sind. Behalten Sie eine Verbform schon im Gedächtnis, wenn Sie sie gehört haben (*Hörtyp*) oder müssen Sie sie gleichzeitig sehen (*Seh-/Lesetyp*) und dann aufschreiben (*Schreibtyp*)? Macht es Ihnen Spaß, verschiedene Konjugationen und Zeitformen in kleinen Rollenspielen auszuprobieren (*Handlungstyp*)? Die meisten Menschen tendieren zum einen oder anderen Lerntyp. Reine Typen kommen nur sehr selten vor. Sie sollten daher sowohl Ihren Typ ermitteln als auch Ihre Lerngewohnheiten Ihren Vorlieben anpassen. Halten Sie also Augen und Ohren offen und lernen Sie ruhig mit Händen und Füßen, wenn Sie der Typ dafür sind.

L! Sag's mit einem Post-it

Auf Post-its wurden schon Heiratsanträge gemacht oder Beziehungen beendet. Also ist es kein Wunder, dass man damit auch Konjugieren lernen kann. Schreiben Sie sich einzelne Verbformen (idealerweise mit Beispielen, s. u.) separat auf Blätter oder Post-its und hängen Sie sie dorthin, wo Sie sie täglich sehen können, z. B. ins Bad über den Spiegel, an den Computer, den Kühlschrank oder neben die Kaffeemaschine. So verinnerlichen Sie schwierige Verbformen ganz nebenbei. Denn das Auge lernt mit.

L! Beispielsätze gegen Trockenfutter

Trockenfutter ist schwer verdaulich. Die verschiedenen Konjugationsmuster trocken aufzunehmen ebenso. Überlegen Sie sich zu jedem Verb einen Beispielsatz und konjugieren Sie diesen durch die verschiedenen Zeiten und Modi. Fortgeschrittene können in Originaltexten (Zeitungen, Büchern, Filmen, Songtexten) nach konkreten Anwendungsbeispielen suchen. So werden die Konjugationen leicht bekömmlich.

L! Führen Sie Selbstgespräche

Wählen Sie besonders schwierige Verbformen aus, schreiben Sie dazu einzelne Beispielsätze auf und sprechen Sie diese laut vor sich hin, z. B. unter der Dusche, beim Spazierengehen oder während langer Autofahrten. Reden Sie mit sich selbst in der Fremdsprache, so prägen Sie sich auch komplizierte Verbformen problemlos ein.

L! Grammatik à la Karte

Wie beim Vokabellernen im Allgemeinen lässt sich auch für Verben im Besonderen eine Art Karteikasten mit einzelnen Karten anlegen. Schreiben Sie die Verben – auch in konjugierter Form oder mit Beispielsätzen – auf die eine Seite und die Übersetzungen dazu auf die andere. Schauen Sie sich die Karten regelmäßig an und sortieren Sie die, die Ihnen vertraut sind, allmählich aus.

L! Gegensätze ziehen sich an

Merken Sie sich Verben paarweise, indem Sie sich immer auch ein Verb, das das Gegenteil bedeutet (Antonym), einprägen oder ein weiteres Verb mit der gleichen Bedeutung (Synonym). Das hilft Ihnen, nicht „sprachlos" zu sein, wenn Ihnen ein Verb mal nicht gleich einfällt oder Sie sich nicht sicher sind, wie es konjugiert wird. Indem Sie Antonyme und Synonyme mit dazulernen, bauen Sie sich einen breit gefächerten Wortschatz auf und können aus dem Vollen schöpfen.

L! Vor-/nach-/raus-/rein-/runter-/rüber- ...gehen

Manche Verben können durch eine Vorsilbe eine andere Bedeutung annehmen. In der Regel verändert sich dabei jedoch nicht das Konjugationsmuster. Das ist sehr praktisch, denn auf diese Weise müssen Sie nur das Konjugationsmuster eines Verbs lernen und beherrschen gleich automatisch die Konjugation zahlreicher Ableitungen des Verbs.

L! Haben Sie einen Plan?

Schreiben Sie Verben, die das gleiche Konjugationsmuster haben, auf einen großen Bogen Papier, eventuell mit Zeichnungen, Verweisen oder kurzen Beispielen, überschaubar zusammen und erstellen Sie Ihren persönlichen Lageplan. Mithilfe sogenannter *mind maps* können Sie sich schon durch das bloße Erstellen des Plans rasch einen Gesamtüberblick über die verschiedenen Konjugationsmuster verschaffen. Ob Sie dieses Papier dann auch irgendwo hinhängen oder nicht, ist nicht ausschlaggebend, denn Sie haben den Plan ja schon im Kopf.

L! Denken Sie in Schubladen

Was im wahren Leben nicht unbedingt sinnvoll ist, kann beim Konjugationstraining hilfreich sein. Machen Sie sich gedankliche Schubladen, in die Sie die gelernten Verben einsortieren, und versehen Sie diese mit Etiketten: regelmäßige Verben, unregelmäßige Verben, Hilfsverben etc.

L! Bleiben Sie in Bewegung

Sie müssen beim Lernen nicht unbedingt am Schreibtisch sitzen. Stehen Sie auf, gehen Sie im Zimmer auf und ab oder wiederholen Sie beim Spazierengehen, beim Joggen, beim Schwimmen in Gedanken die neu gelernten Konjugationen. Ihr Gehirn funktioniert nachweislich besser, wenn Ihr Körper in Bewegung ist. Und Ihr Kreislauf dankt es Ihnen auch.

L! Beweisen Sie Taktgefühl

Klopfen Sie im Takt dazu (z. B. auf die Tischplatte), wenn Sie sich eine Konjugation einprägen wollen. Takt und Rhythmus fördern Ihr Erinnerungsvermögen. Eventuell hilft auch musikalische Unterstützung in Form von Hintergrundmusik. Und beim Wiederholen der Verbformen können Sie Ihr Taktgefühl und Ihr Gedächtnis zugleich unter Beweis stellen.

L! Grammatik aus dem Ei

Behelfen Sie sich beim Lernen von Konjugationsmustern oder Verbformen, die eine Ausnahme darstellen, mit Eselsbrücken, Reimen, Merkhilfen und Lernsprüchen. Erinnern Sie sich an „7-5-3 – Rom schlüpft aus dem Ei"? Was bei historischen Jahreszahlen funktioniert, klappt auch beim Sprachenlernen.

L! Machen Sie Witze?

Merken Sie sich Witze, in denen ein bestimmtes Verb, das Sie lernen wollen, vorkommt. Indem Sie sich den Witz in der Fremdsprache einprägen und sich an ihn erinnern, prägen Sie sich auch die Verbform und ihre Bedeutung mit ein. Das funktioniert gleichermaßen mit Sprichwörtern und Redewendungen. Aber denken Sie daran, dass sich feste Wendungen nicht immer wörtlich von einer Sprache in die andere übertragen lassen!

L! Setzen Sie Ihrer Fantasie keine Grenzen

Machen Sie sich im wahrsten Sinne ein Bild von der Situation, denn auch Bilder, die Sie im Kopf haben, dienen als Gedächtnisstützen. Versuchen Sie also, ein neu gelerntes Verb gedanklich mit einem einfachen Bild zu verknüpfen. Was sagt das Verb aus? Vor allem das Erlernen der Zeiten funktioniert besser, wenn Sie sich das, was die jeweilige Zeitform ausdrückt, visuell vorstellen.

L! Gretchenfrage: Und wie steht's mit der Muttersprache?

Denken Sie über Ihre eigenen Sprechgewohnheiten nach und schauen Sie sich die Regeln Ihrer Muttersprache an. Die Gesetze der Fremdsprache sind viel einfacher nachvollziehbar, wenn man die Unterschiede zur eigenen Muttersprache kennt. Welche Zeitformen verwenden Sie wann, wie werden sie gebildet etc.? Indem Sie die Fremdsprache mit Ihrer Muttersprache vergleichen, machen Sie sich Parallelen und Unterschiede bewusster und prägen sich diese gleich viel besser ein.

L! Lieber hin und weg als auf und davon

Lernen Sie die Verben in Verbindung mit verschiedenen Präpositionen. Sie werden zum einen merken, dass Sie damit Ihren Wortschatz wie nebenbei erweitern können, da die Verben je nach Präposition zumeist auch unterschiedliche Bedeutungen haben. Zum anderen werden Sie feststellen, dass in der Fremdsprache häufig ganz andere Präpositionen mit dem Verb verwendet werden als in Ihrer Muttersprache.

L! Gebrauchsanweisung

Wenn Sie sich ein Verb und sein Konjugationsmuster einprägen, dann achten Sie auch darauf, den richtigen Gebrauch des Verbs mitzulernen. Denn nur so können Sie das Gelernte auch in der Praxis erfolgreich zur Anwendung bringen.

L! Wer liest, ist im Vorteil

Wagen Sie sich langsam an fremdsprachige Lektüre heran, sei es in vereinfachter Form mit Übersetzungshilfen, sei es in Form leichter Originaltexte. Schauen Sie sich insbesondere die verwendeten Verbformen immer wieder bewusst an. Es zählt nicht, wie viel Sie lesen, sondern dass Sie einzelne Zeit- und Verbformen im Kontext nachvollziehen können und verstehen, was ausgedrückt werden soll.

L! Haben Sie O-Töne?

Lernen Sie multimedial. Schauen Sie DVDs oder Kinofilme im Originalton und wenn möglich mit Originaluntertitel an, also z. B. einen deutschen Film mit deutschen Untertiteln. Sie werden sehen, dass Sie durch das Mitlesen das Gesprochene wesentlich besser verstehen als ohne die Texthilfe. Halten Sie die DVD gelegentlich an und schreiben Sie sich interessante Verben, auch in Verbindung mit verschiedenen Präpositionen oder als ganze Redewendung, auf.

L! Verben – ab in den Koffer!

Das Spiel „Ich packe in meinen Koffer …" kennt vermutlich jeder. Falls nicht, hier die ultimative Variante zum Konjugationstraining zu zweit: Setzen Sie sich mit Ihrem Mitlerner zusammen und beginnen Sie, indem Sie eine Verbform laut sagen. Ihr Mitlerner muss diese wiederholen und eine andere Verbform hinzufügen. Dann sind wieder Sie an der Reihe mit der nächsten Verbform usw.

Der Vorteil bei dieser Trainingsform ist, dass Sie nicht nur Verbkonjugationen und Vokabeln gleichzeitig lernen, sondern auch Ihr Gedächtnis in Schwung halten – und das auf spielerische und unterhaltsame Art und Weise.

L! Kofferpacken für Fortgeschrittene

Wenn Sie Spaß am spielerischen Lernen gefunden haben, dann gefällt Ihnen sicher auch „Kofferpacken für Fortgeschrittene". Wenn Sie ein Verb „in den Koffer packen", muss Ihr Mitspieler ein Verb dazupacken, das mit dem nächsten Buchstaben des Alphabets beginnt usw. Sie sind auf jeden Fall im Vorteil, denn Sie können sich ja mit den Alphabetischen Verblisten am Ende des Buches bestens auf das verbale Duell vorbereiten.

Wenn Ihnen das noch nicht reicht, gibt es noch die ultimativ spaßige Verben-in-den-Koffer-pack-Variante: Sie vereinbaren mit Ihrem Mitspieler im Vorfeld zwei Handzeichen. Daumen nach oben heißt, dass die Verben, wie oben beschrieben, in alphabetisch aufsteigender Reihenfolge gepackt werden müssen. Daumen nach unten heißt, dass das nächste Verb mit einem Anfangsbuchstaben in alphabetisch absteigender Richtung beginnen muss. Das geht so lange weiter, bis es zum nächsten Richtungswechsel kommt. Sie werden sehen, das Lachen ist programmiert und der Lerneffekt auch.

L! Verb-Memo für Einzelkämpfer zur Pärchenbildung

Um Ihrem neu entdeckten Spieltrieb keinen Abbruch zu tun, hier noch ein Spieltipp, den Sie auch alleine umsetzen können. Schreiben Sie sich die gleiche konjugierte Verbform jeweils auf zwei Kärtchen. Insgesamt sollten Sie ca. 20 bis 30 Kärtchen erstellen, die Sie dann umdrehen und mischen. Dann decken Sie ein Kärtchen auf und versuchen unter den umgedrehten Kärtchen das Pendant zu Ihrem Kärtchen zu finden. Werden Sie nicht auf Anhieb fündig, so müssen Sie die Karte wieder zurückdrehen. Merken Sie sich gut, auf welcher Karte sich welche Verbform befindet, und verwechseln Sie sehr ähnlich aussehende Formen nicht! Wenn Sie ein Pärchen haben, dürfen Sie dieses aus dem Spiel nehmen. Das geht so lange, bis keine Karten mehr im Spiel sind. Auch hier trainieren Sie nicht nur die Konjugationen, sondern Ihr Gedächtnis und manchmal auch Ihre Geduld.

L! Learning by doing in freier Wildbahn

Zu guter Letzt, wenden Sie die gelernten Verben und Konjugationen aktiv an. Genießen Sie es, mit Menschen in der Fremdsprache zu sprechen, die Sie gerade lernen oder dann auch schon können. Freuen Sie sich über die Anerkennung, die Sie dafür bekommen, und die Kontakte, die Sie dabei knüpfen können – weil Sprachen verbinden …

Viel Spaß und Erfolg beim Konjugieren wünscht Ihnen
Ihre Langenscheidt-Redaktion

Terminologie

Fachbegriff	Erklärung
Ablaut	*Stammvokal eines Verbs*
Adjektiv	*Eigenschaftswort*
Akkusativ	*4. Fall*
Aktiv	*Tätigkeitsform*
Dativ	*3. Fall*
Futur	*Zukunft*
Genitiv	*2. Fall*
Genus	*grammatikalisches Geschlecht*
Hilfsverb	*haben, werden, sein*
Imperativ	*Befehlsform*
Indikativ	*Wirklichkeitsform*
Infinitiv	*Grundform*
intransitives Verb	*Verb ohne zwingendes Akkusativobjekt*
Konjugation	*Beugung des Verbs*
Konjunktiv	*Möglichkeitsform*
Modalverb	*Zeitwort der Art und Weise*
Modus	*Aussageweise*
Negation	*Verneinung*
Nominativ	*1. Fall*
Numerus	*grammatische Kategorisierung nach Menge, Person*
Partizip	*Mittelwort*
Passiv	*Leideform*
Perfekt	*vollendete Vergangenheit*
Personalpronomen	*persönliches Fürwort*
Plural	*Mehrzahl*
Plusquamperfekt	*Vorvergangenheit*
Präposition	*Verhältniswort*
Prädikat	*Satzaussage*
Präfix	*vorn angefügtes, unselbstständiges Wortbildungsmittel*
Präsens	*Gegenwart*
Präteritum	*erste Vergangenheit*
reflexives Verb	*rückbezügliches Verb*
Singular	*Einzahl*
Suffix	*hinten angefügtes, unselbstständiges Wortbildungsmittel*
Tempus	*Zeit(form)*
transitives Verb	*Verb mit zwingendem Akkusativobjekt*
Verb	*Zeitwort*

① Das Verb   A1

ⓘ Verben dienen vor allem dazu, Handlungen, Vorgänge und Zustände zu bezeichnen.

☀ Der Infinitiv (▷ ⑤) aller Verben endet auf -en, manchmal auch auf -n: sagen, sprechen, handeln.
Der Teil ohne Endung wird auch Stamm genannt: sag-, sprech-, handel-.

Verben können – je nach Funktion der Endung – vorliegen als
* infinites Verb: Das heißt, das Verb besitzt keine Personalendung und ist unselbstständig. Infinit sind:
  Infinitiv (Präsens und Perfekt): lieben, geliebt haben und Partizip I und II (▷ ⑥): liebend, geliebt.
* finites Verb: Dieses hat Personalendungen und dient als Prädikat eines Satzes.

Verben lassen sich von ihrer Funktion her unterscheiden in:
* Hilfsverben (haben, sein, werden): Sie dienen dazu, Verbformen zu bilden (▷ 1.2).
* Modalverben (wie können, dürfen): Sie bezeichnen die Modalität eines Geschehens (▷ 1.3).
* Vollverben (wie sehen, rufen, lieben): Sie bilden selbstständig das Prädikat.

1.1   Die Konjugationen   A1

Das Verb wird konjugiert nach:
* Person: 1., 2., 3. Person
* Numerus: Singular, Plural
* Tempus: Präsens, Präteritum, Perfekt, Plusquamperfekt, Futur I, Futur II
* Modus: Indikativ, Konjunktiv, Imperativ
* Genus: Aktiv, Passiv

☀ Einfache Verbformen sind Präsens, Präteritum, Konjunktiv I, Konjunktiv II und Imperativ. Alle anderen Formen sind zusammengesetzt aus einem Hilfsverb und einer infiniten Form des Vollverbs (Infinitiv oder Partizip).

L! Zu lernen sind also bei jedem Verb nur die einfachen Formen, alle anderen lassen sich ableiten.

A1 1.1.1 **Die Personalendungen**

Es gibt zwei Serien von Personalendungen.

	Serie A Präsens	
ich	such-**e**	geb-**e**
du	such-**st**	gib-**st**
er/es/sie	such-**t**	gib-**t**
wir	such-**en**	geb-**en**
ihr	such-**t**	geb-**t**
sie/Sie	such-**en**	geb-**en**

Die Endungsserie A tritt nur im Präsens Indikativ auf. Dies gilt nicht für die Verben sein und wissen sowie die Modalverben. Bei ihnen wie in allen anderen Fällen tritt die Endungsserie B auf:

	Serie B Präsens	Präteritum		Konjunktiv II	Konjunktiv I
ich	kann-Ø	gab-Ø	such-te-Ø	wär-e-Ø	könn-e-Ø
du	kann-**st**	gab-**st**	such-te-**st**	wär-e-**st**	könn-e-**st**
er/es/sie	kann-Ø	gab-Ø	such-te-Ø	wär-e-Ø	könn-e-Ø
wir	könn-**en**	gab-**en**	such-te-**en**	wär-e-**en**	könn-e-**en**
ihr	könn-**t**	gab-**t**	such-te-**t**	wär-e-**t**	könn-e-**t**
sie/Sie	könn-**en**	gab-**en**	such-te-**en**	wär-e-**en**	könn-e-**en**

⚡ Gleiche Laute verschmelzen zu einem:
wir such-te-en → wir suchten, du lies-st → du liest.

⚡ Besonderheiten bei der Verbkonjugation:
- ☼ Bei manchen Verben erfolgt in der 2. und 3. Person Singular Präsens ein Wechsel des Stammvokals von -e zu -i (ich spreche, du sprichst, er spricht) oder Umlaut -a zu -ä (ich trage, du trägst, er trägt).

- Wenn der Verbstamm auf -d/-t endet und bei einigen Doppelkonsonanten mit -m oder -n, wird vor konsonantischen Personalendungen ein -e- eingeschoben:
  er red-**e**-t, du wart-**e**-st, du atm-**e**-st, sie rechn-**e**-t.
- ⚡ Bei Verben, deren Stamm auf -el oder -er endet, wird dieses -e- in der 1. Person Singular oft ausgelassen: lächeln → ich lächle, zaubern → ich zaubre.

1.1.2 Schwache, starke und gemischte Verben   **A1**

☼ Nach der Konjugation unterscheidet man schwache, starke und gemischte Verben. Die schwachen Verben sind regelmäßige Verben, die starken und gemischten Verben sind unregelmäßige Verben.

ℹ Entscheidend für die Unterscheidung der schwachen, starken und anderen Verben sind ihre Formen im Präsens, Präteritum und im Partizip II.

Die schwachen Verben haben in allen Formen denselben Stammvokal, im Präteritum das Suffix -te- und im Partizip II die Endung -t:

Infinitiv	Präteritum	Partizip II
suchen	such**te**	ge**such**t

Die starken Verben verändern in manchen Formen den Stammvokal (= Ablaut). Im Präteritum haben sie kein zusätzliches Suffix und im Partizip II die Endung -en:

Infinitiv	Präteritum	Partizip II
sprechen	spr**a**ch	gespr**o**chen

Die starken Verben teilt man nach dem Wechsel des Stammvokals in drei Ablautgruppen:
- 3 Stammvokale (1 – 2 – 3):
  spr**e**chen – spr**a**ch – gespr**o**chen
- 2 Stammvokale (1 – 2 – 2):
  schr**ei**ben – schr**ie**b – geschr**ie**ben   (Vokal Präteritum = Partizip II)
- 2 Stammvokale (1 – 2 – 1):
  l**e**sen – l**a**s – gel**e**sen   (Vokal Präsens = Partizip II)

Die gemischten Verben haben zwar wie die starken Verben verschiedene Stammvokale, aber wie die schwachen Verben das Suffix -te- im Präteritum und -t im Partizip II: nennen – n**a**nn**te** – gen**a**nnt.

A1   1.2   **Das Hilfsverb**

Formen

ⓘ Zur Bildung verschiedener Tempora und des Passivs dienen die drei Hilfsverben haben, sein und werden:

	Präsens	**Präteritum**	**Konjunktiv I**	**Konjunktiv II**
ich	habe	hatte	habe	hätte
du	hast	hattest	habest	hättest
er/es/sie	hat	hatte	habe	hätte
wir	haben	hatten	haben	hätten
ihr	habt	hattet	habet	hättet
sie/Sie	haben	hatten	haben	hätten

Inf. Präsens: haben   Inf. Perfekt: gehabt haben
Partizip I: habend   Partizip II: gehabt

	Präsens	**Präteritum**	**Konjunktiv I**	**Konjunktiv II**
ich	bin	war	sei	wäre
du	bist	warst	sei(e)st	wär(e)st
er/es/sie	ist	war	sei	wäre
wir	sind	waren	seien	wären
ihr	seid	wart	sei(e)t	wär(e)t
sie/Sie	sind	waren	seien	wären

Inf. Präsens: sein   Inf. Perfekt: gewesen sein
Partizip I: seiend   Partizip II: gewesen

	Präsens	Präteritum	Konjunktiv I	Konjunktiv II
ich	werde	wurde	werde	würde
du	wirst	wurdest	werdest	würdest
er/es/sie	wird	wurde	werde	würde
wir	werden	wurden	werden	würden
ihr	werdet	wurdet	werdet	würdet
sie/Sie	werden	wurden	werden	würden

Inf. Präsens: werden
Partizip I: werdend

Inf. Perfekt: geworden sein
Partizip II: geworden

Gebrauch

Die Hilfsverben dienen vor allem zur Bildung verschiedener Verbformen:

- haben + Partizip II zur Bildung des Perfekts: ich habe geliebt
- sein + Partizip II zur Bildung des Perfekts: ich bin gelaufen
- werden + Infinitiv zur Bildung des Futurs: er wird kommen **B1**
- werden + Partizip II zur Bildung des (Vorgangs-)Passivs: sie wird geliebt **B1**
- sein + Partizip II zur Bildung des Zustandspassivs: es ist geschlossen **B1**

Die Verben sein, werden und auch bleiben können als Teil des Prädikats (als sogenannte „Kopulaverben") auftreten. Dann verbinden sie sich mit einem Prädikativ:

- mit einem Adjektiv: Wir sind glücklich. Sie **A2** wird krank. Sie bleiben hart.
- mit einem Substantiv: Er ist Lehrer. Sie wird Beamtin.
- mit einem Adverb: Sie ist hier. Wir bleiben da.
- Alle Hilfsverben können auch als Vollverben verwendet werden: Ich habe eine Wohnung (haben = besitzen).

A1 1.3 **Das Modalverb**

Formen

Die Modalität (Art und Weise) eines Geschehens wird durch die Modalverben ausgedrückt. Ihre Formen im Präsens:

	wollen	sollen	müssen	können	dürfen	mögen	möchten
ich	will	soll	muss	kann	darf	mag	möchte
du	willst	sollst	musst	kannst	darfst	magst	möchtest
er/es/sie	will	soll	muss	kann	darf	mag	möchte
wir	wollen	sollen	müssen	können	dürfen	mögen	möchten
ihr	wollt	sollt	müsst	könnt	dürft	mögt	möchtet
sie/Sie	wollen	sollen	müssen	können	dürfen	mögen	möchten

- Die Modalverben haben auch im Präsens die Personalendungen der Serie B (▷ **1.1.1**).
- Die Modalverben (außer sollen und möchten) ändern ihren Stammvokal zwischen Singular und Plural.

Gebrauch

☼ Modalverben verbinden sich im Allgemeinen mit einem Vollverb im reinen Infinitiv (▷ **5**):
Ich kann **schwimmen.**

B1 Im Perfekt erscheint das Modalverb im Infinitiv:
Ich **habe** schwimmen **können.**

Modalverben können auch selbstständig (d.h. ohne Infinitiv) verwendet werden:
Ich **kann** das. Sie **will** das.

B1 In diesem Fall wird das Perfekt mit dem Partizip II gebildet:
Ich **habe** das **gekonnt.** Sie **hat** das **gewollt.**

B2 ⚡ Die Negation des Modalverbs müssen ist nicht brauchen (mit Infinitiv und zu!):
Ich muss heimgehen. → Ich brauche nicht heimzugehen.

B2 Die Modalverben können auch verwendet werden, um eine Vermutung auszudrücken:

Er **muss** krank sein. (sicherlich)
Sie **müsste** jetzt fast vierzig sein. (wahrscheinlich)
Die Kinder **dürften** schon schlafen. (vermutlich)

☼ Wenn Modalverben mit dem Passiv kombiniert werden, dann wird das Passiv **B2**
nur beim Vollverb ausgedrückt. Das Modalverb steht als finites Verb an zweiter
Stelle:
Der Künstler **sollte** als Erster bedient werden.

1.4 Trennbare und nicht trennbare Verben   **A1**

ⓘ Die Verbpräfixe lassen sich in drei große Gruppen einteilen.
• Verben mit betonten Präfixen sind *trennbar*. Dazu gehören:

ab-, aus-, los-, vor-, da-, hin-, her-, an-, bei-, mit-, weg-, daran-, auf-, ein-,
nach-, zu-, darauf-, hinauf-, herauf-

Verben mit diesen betonten Präfixen bilden eine Verbklammer in allen einfachen
Tempusformen (jedoch nicht im Nebensatz). Im Partizip II tritt -ge- zwischen
Präfix und Partizip (an**ge**sprochen):
Er **sprach** die Leute **an**.

• Verben mit unbetonten Präfixen sind *untrennbar*.

be-, ent-, er-, ge-, ver-, zer-, miss-

Verben mit diesen Präfixen werden nie getrennt. Im Partizip II erscheint kein -ge-:
Wir **bearbeiten** die Aufgabe.
Wir haben die Aufgabe **bearbeitet**.

• Einige Präfixe bilden – je nach Betonung – entweder untrennbare oder trenn-
  bare Verben. Betont sind die Präfixe trennbar, unbetont sind sie untrennbar.
  Dazu gehören:

durch-, hinter-, über-, unter-, um-

Betont und trennbar:	Unbetont und untrennbar:
Der Redakteur **schreibt** den Text **um**.	Der Lehrer **umschreibt** ein Wort.
Sie **stellt** das Fahrrad **unter**.	Sie **unterstellt** ihm Betrug.

A1 **2** # Der Indikativ

ⓘ Der Indikativ ist der Modus der Wirklichkeit und der Tatsachen, die in der Gegenwart (Präsens), der Vergangenheit (Perfekt, Präteritum, Plusquamperfekt) und der Zukunft (Futur I und II) beschrieben werden.

A1 ## 2.1 Das Präsens

Formen

	schwache Verben lieben	antworten	reisen	klingeln
ich	liebe	antworte	reise	klingle
du	liebst	antwortest	reist	klingelst
er/es/sie	liebt	antwortet	reist	klingelt
wir	lieben	antworten	reisen	klingeln
ihr	liebt	antwortet	reist	klingelt
sie/Sie	lieben	antworten	reisen	klingeln

	starke Verben sehen	schlafen	nehmen	wissen
ich	sehe	schlafe	nehme	weiß
du	siehst	schläfst	nimmst	weißt
er/es/sie	sieht	schläft	nimmt	weiß
wir	sehen	schlafen	nehmen	wissen
ihr	seht	schlaft	nehmt	wisst
sie/Sie	sehen	schlafen	nehmen	wissen

⚡ Starke Verben ändern ihren Stammvokal in der 2. und 3. Person Singular.

Gebrauch
ⓘ Das Präsens beschreibt Handlungen und Ereignisse in der Gegenwart:
Sei bitte ruhig, ich **telefoniere** gerade.

Zusammen mit einer Zeitangabe beschreibt das Präsens auch Zukünftiges:
Ich **fahre** nächste Woche in Urlaub.

2.2 Die Vergangenheit

A2

2.2.1 Das Perfekt

A2

Formen

☼ Die meisten Verben bilden ihr Perfekt mit dem Hilfsverb haben und dem Partizip II. ⚡ Einige Verben brauchen jedoch das Hilfsverb sein und das Partizip II
(▷ 6.2).

Verb mit haben:

	schwaches Verb	starkes Verb
ich	habe geliebt	habe gerufen
du	hast geliebt	hast gerufen
er/es/sie	hat geliebt	hat gerufen
wir	haben geliebt	haben gerufen
ihr	habt geliebt	habt gerufen
sie/Sie	haben geliebt	haben gerufen

Verb mit sein:

	schwaches Verb	starkes Verb
ich	bin gereist	bin gefahren
du	bist gereist	bist gefahren
er/es/sie	ist gereist	ist gefahren
wir	sind gereist	sind gefahren
ihr	seid gereist	seid gefahren
sie/Sie	sind gereist	sind gefahren

Gebrauch

Das Perfekt mit haben bilden insbesondere folgende Verben:
- alle transitiven Verben: Ich **habe** das Buch **gelesen**.
- alle reflexiven Verben: Er **hat** sich **gefreut**.
- einige intransitive Verben: Die Blume **hat geblüht**.

Mit sein bilden die intransitiven Verben ihr Perfekt, die
- eine Fortbewegung oder gerichtete Bewegung bezeichnen: Ich **bin gelaufen**.
- eine Veränderung bezeichnen (z. B. den Beginn oder das Ende einer Handlung): Er **ist** eingeschlafen.
- sowie die Verben sein und bleiben: Ich **bin** gestern dort **gewesen**. Sie **ist** noch etwas länger **geblieben**.

☼ Mit dem Perfekt drückt man Vergangenes aus. Es wird hauptsächlich in der gesprochenen Sprache verwendet:
„Ich **bin** am Wochenende nach Berlin **gefahren**. Und du?" – „Ich **habe** eine Radtour **gemacht**."

B1 2.2.2 **Das Präteritum**

Formen

☼ Das Tempus-Signal für das Präteritum ist das Suffix **-te-** bei den schwachen Verben und die Stammvokalveränderung bei den starken Verben.

	schwaches Verb lieben	antworten	starkes Verb rufen	gemischtes Verb denken
ich	lieb**te**	antwort**ete**	rief	dachte
du	lieb**test**	antwort**etest**	riefst	dachtest
er/es/sie	lieb**te**	antwort**ete**	rief	dachte
wir	lieb**ten**	antwort**eten**	riefen	dachten
ihr	lieb**tet**	antwort**etet**	rieft	dachtet
sie/Sie	lieb**ten**	antwort**eten**	riefen	dachten

Gebrauch

ⓘ Mit dem Präteritum werden Handlungen in der Vergangenheit beschrieben.
➡ Man verwendet es hauptsächlich in der geschriebenen Sprache, z. B. in Erzählungen, Berichten, Artikeln etc.:
Vorsichtig **ging** er die Treppe hinauf, **öffnete** die Tür und dann **sah** er es.

⚡ Die Verben haben und sein sowie die Modalverben und der Ausdruck es gibt werden auch in der gesprochenen Sprache im Präteritum verwendet:
Warst du am Wochenende bei dem Konzert? – Nein, ich **hatte** Kopfschmerzen. Außerdem **gab es** keine Karten mehr.

2.2.3 Das Plusquamperfekt (B1)

Formen

☀ Das Plusquamperfekt wird mit den Hilfsverben haben und sein im Präteritum und dem Partizip II gebildet.
Verb mit haben:

hatte/hattest/hatte/ hatten/hattet/hatten	geliebt/gerufen

Verb mit sein:

war/warst/war/ waren/wart/waren	gereist/gefahren

Gebrauch

☀ Das Plusquamperfekt wird verwendet, um in der Vergangenheit Vorzeitigkeit auszudrücken, d. h., die Handlung, die einer anderen zeitlich vorangegangen ist, steht im Plusquamperfekt, die spätere Handlung im Perfekt oder Präteritum:
Nachdem er das Studium **beendet hatte**, machte er eine Weltreise.

2.3 Das Futur (B1)

2.3.1 Das Futur I (B1)

Formen

☀ Das Hilfsverb werden im Präsens bildet zusammen mit dem Infinitiv eines Vollverbs das Futur I.

	schwaches Verb	starkes Verb
ich	werde lieben	werde rufen
du	wirst lieben	wirst rufen
er/es/sie	wird lieben	wird rufen
wir	werden lieben	werden rufen
ihr	werdet lieben	werdet rufen
sie/Sie	werden lieben	werden rufen

Gebrauch

ⓘ Das Futur I wird verwendet, um Vorgänge oder Handlungen zu beschreiben, die in der Zukunft liegen:

Sie **wird** bald nach Australien **gehen**.

ⓘ Allerdings wird im heutigen Deutsch meist die Form des Präsens verwendet, um etwas Zukünftiges zu bezeichnen:

Im nächsten Jahr **mache** ich Examen.

Im Sommer **fahren** wir nach Italien.

⚡ Die Verbindung von werden mit Infinitiv drückt meist noch eine zusätzliche Bedeutung aus:

- Vermutung:
  Sie **wird** nicht mehr **kommen**.
  Er **wird** wohl **siegen**.
- nachdrückliche Aufforderung:
  Das **wirst** du nicht noch einmal **tun**!
  Auf der Konferenz **wird** man sich hoffentlich **einigen**.

B2   2.3.2 **Das Futur II**

Formen

☼ Das Futur II wird mit dem Hilfsverb werden im Präsens und dem Partizip II mit haben oder sein gebildet. Die Hilfsverben haben und sein stehen im Infinitiv hinter dem Partizip II.

	schwaches Verb	starkes Verb
ich	werde geliebt haben	werde gerufen haben
du	wirst geliebt haben	wirst gerufen haben
er/es/sie	wird geliebt haben	wird gerufen haben
wir	werden geliebt haben	werden gerufen haben
ihr	werdet geliebt haben	werdet gerufen haben
sie/Sie	werden geliebt haben	werden gerufen haben

Gebrauch

ⓘ Das Futur II drückt aus, dass eine Handlung in der Zukunft abgeschlossen ist:
Nächstes Jahr **wird** er sein eigenes Geschäft **eröffnet haben.**

⚡ Ebenso wie das Futur I kann auch das Futur II für Vermutungen und nachdrückliche Aufforderungen verwendet werden:
Er **wird** jetzt wohl in Berlin **angekommen sein.**
Sie **werden** den Bericht bis morgen fertig **geschrieben haben.**

③ Der Konjunktiv

B1

ⓘ In der deutschen Sprache werden zwei Konjunktive unterschieden: der Konjunktiv II und der Konjunktiv I.
☼ Gebräuchlich ist vor allem der Konjunktiv II.

Der Konjunktiv I ist von der Präsensform des Verbs abgeleitet, der Konjunktiv II von der Präteritumform des Verbs. ⚡ Allerdings drücken die beiden Konjunktivformen keine unterschiedlichen Zeitstufen aus!
Beide liegen im Präsens und in der Vergangenheit vor:

	Konjunktiv II	Konjunktiv I
Präsens	er riefe/er ginge	er rufe/er gehe
Vergangenheit	er hätte gerufen/ er wäre gegangen	er habe gerufen/ er sei gegangen

B1 ### 3.1 Der Konjunktiv II

Formen

	synthetisch	würde-Form
ich	riefe	würde rufen
du	riefest	würdest rufen
er/es/sie	riefe	würde rufen
wir	riefen	würden rufen
ihr	riefet	würdet rufen
sie/Sie	riefen	würden rufen

☼ Das Modus-Signal für den Konjunktiv ist das Suffix -e- und bei starken Verben – wenn möglich – der Umlaut.

ⓘ Der Konjunktiv II liegt einmal als „synthetische" (einfache) Verbform vor und einmal als Form, die mit dem Hilfsverb würde zusammengesetzt ist.

ⓘ Die synthetischen und die würde-Formen sind heute in ihrer Bedeutung und Funktion völlig gleich.

☼ Die synthetischen Konjunktiv II-Formen sind nur noch gebräuchlich bei:
• den Hilfsverben sein, haben und werden
• den Modalverben
• den häufig verwendeten starken Verben: käme, wüsste, ginge, ließe, bräuchte, nähme, gäbe, sähe, läge.
In allen anderen Fällen und bei regelmäßigen Verben nimmt man die würde-Form.

☼ In der Vergangenheit wird beim Konjunktiv II die synthetische Form gewählt. Sie wird aus der synthetischen Konjunktiv II-Form von haben und sein und dem Partizip II gebildet: ich hätte gerufen/ich wäre gegangen.

Gebrauch
ⓘ Der Konjunktiv II tritt in folgenden Verwendungen auf:
• indirekte Rede (▷ 3.2)

• Wunschsätze:
Kämest du doch endlich!
Würde es jetzt nur endlich einmal **regnen**!
Wenn es doch jetzt endlich **regnen würde**!

☼ In Wunschsätzen steht entweder das finite Verb im Konjunktiv am Satz-anfang oder die Sätze werden mit **wenn** eingeleitet.

- Konditionalsätze zum Ausdruck der Irrealität (Unwirklichkeit):
  Wenn sie ihn **geheiratet hätte, wäre** sie wohl nicht berühmt **geworden.**
  Wenn sie **wollte, könnte** sie immer noch zu ihm zurückkehren.

- irreale Vergleiche:
  Sie verhielt sich, **als hätte** sie Probleme/**als ob** sie Probleme **hätte.**

Bei den irrealen Vergleichen kann manchmal auch der Konjunktiv I vorkommen: **B2**
Sie sah so aus, **als wäre** sie glücklich/**als sei** sie glücklich.

- Besonders höfliche Äußerungen:
  Hätten Sie einen Moment Zeit?

- In vorsichtigen oder zurückhaltenden Aussagen: **B2**
  Das **wäre** ja recht praktisch.

3.2 Der Konjunktiv I **B2**

Formen

☼ Das Konjunktiv-Signal ist wie beim Konjunktiv II das eingeschobene Suffix -e-. Außer beim Verb sein lässt sich die Konjunktiv I-Form nur in der 2./3. Per-son Singular und in der 2. Person Plural von der Indikativform unterscheiden (du gehest, er gehe, ihr gehet).

	Konjunktiv I		Konjunktiv II
ich	rufe	→	riefe/würde rufen
du	rufest		(riefest/würdest rufen)
er/es/sie	rufe		(riefe/würde rufen)
wir	rufen	→	riefen/würden rufen
ihr	rufet		(riefet/würdet rufen)
sie/Sie	rufen	→	riefen/würden rufen

☼ Lässt sich der Konjunktiv I nicht von der Präsensform unterscheiden, ver-wendet man den Konjunktiv II.

Gebrauch

ⓘ Der Konjunktiv I wird in der indirekten Rede verwendet. In der indirekten Rede wird deutlich gemacht, dass der Sprecher die Äußerung eines anderen Sprechers wiedergibt, z. B. mit Verben wie sagen/fragen, dass und dem Konjunktiv.

⚡ Konjunktiv I + II und die würde-Form sind heute in der indirekten Rede bedeutungsgleich: Er fragt, ob du krank seist.

A1 ④ Der Imperativ

Formen

	gehen	warten	nehmen
Sie-Form	Gehen Sie!	Warten Sie!	Nehmen Sie!
Du-Form	Geh!	Warte!	Nimm!
Ihr-Form	Geht!	Wartet!	Nehmt!

☼ Die Sie-Form ändert sich nur dadurch, dass das Verb an die erste Position tritt. Bei der Du- und der Ihr-Form wird das Personalpronomen weggelassen, bei der Du-Form außerdem die Personalendung -st: du gehst → Geh!

Die unregelmäßigen Formen des Imperativs:

	fahren	sein
Sie-Form	Fahren Sie!	Seien Sie (ruhig)!
Du-Form	Fahr!	Sei (ruhig)!
Ihr-Form	Fahrt!	Seid (ruhig)!

☼ Bei unregelmäßigen Verben wird der Umlaut in der 2. Person Singular weggelassen: du fährst → Fahr!

Gebrauch

ⓘ Der Imperativ wird für Aufforderungen, Ratschläge und Empfehlungen, Bitten und Vorschläge verwendet:

Mach die Heizung und das Licht **aus**! (Aufforderung)

Geh doch zum Arzt. (Ratschlag/Empfehlung)

Bleiben Sie bitte noch ein bisschen! (Bitte)

⑤ Der Infinitiv B1

☼ Der Infinitiv ist die Grundform des Verbs und in Person und Numerus unveränderlich: kaufen, gehen, lachen.
❶ Der Infinitiv kann entweder als reiner Infinitiv verwendet werden oder zusammen mit der Infinitivpartikel zu.

5.1 Der reine Infinitiv A1

Der reine Infinitiv steht:
• nach den Modalverben:
    Ich **kann schwimmen.**

⚡ Im Perfekt und Plusquamperfekt steht bei diesen Sätzen ebenfalls der Infinitiv: B1
Ich habe **schwimmen können.**

• Nach den Verben lassen, bleiben, lehren, lernen, helfen:

Wir **lassen** unsere Wohnung **putzen.**
Plötzlich **blieb** er **stehen.**
Die Kinder **lernen schreiben** und **lesen.**

⚡ Im Perfekt und im Plusquamperfekt des Verbs lassen tritt nur der Infinitiv auf:
Wir **haben** unsere Wohnung **putzen lassen.**

• nach bestimmten Verben der Wahrnehmung:
    Ich **höre** sie **singen.**

Im Perfekt und Plusquamperfekt tritt der Infinitiv auf (manchmal auch das Partizip II):
Ich habe sie **singen hören** (auch: gehört).

• nach einigen einfachen Fortbewegungsverben, vor allem nach dem Verb A2
    gehen:

Gehst du **schwimmen?** – Nein, ich **fahre einkaufen.**
– Dann **gehe** ich eben alleine **spazieren.**

• Bei den Verben helfen, lehren, lernen kann auch die Infinitivpartikel zu stehen, B1
    wenn der Infinitiv von Ergänzungen begleitet ist:
    Wir helfen euch, die Formulare **auszufüllen.**

B1 5.2 **Der Infinitiv mit zu**

Der Infinitiv mit zu steht in allen anderen Fällen, insbesondere bei:
• Verben oder Ausdrücken, die eine Absicht oder Meinung zum Ausdruck bringen:

Ich habe die Absicht, morgen nach München **zu fahren.**
Ich hoffe, dort etwas Erholung **zu finden.**

• Verben, die Phasen einer Handlung (Anfang, Ende oder Verlauf) ausdrücken:
Ich fange an, müde **zu werden.**

• den modalverbähnlichen Verben scheinen und (nicht) brauchen:
Sie scheint **zu schlafen.**

B2 • den Hilfsverben haben und sein:
Sie hat das ganze Wochenende **zu arbeiten.** (= sie muss arbeiten)
Sie ist wirklich **zu bedauern.** (= sie muss bedauert werden)

• der Infinitiv mit zu steht auch nach den Konjunktionen um (zu), ohne (zu),
anstatt (zu):
Die meisten Leute arbeiten, **um zu leben.**
Manche Leute leben, **ohne zu arbeiten.**
Und einige Leute arbeiten, **anstatt zu leben.**

• der Infinitiv mit zu kann auch anstelle eines dass-Satzes auftreten, vor allem
dann, wenn das Subjekt des Hauptsatzes mit dem Subjekt des dass-Satzes
identisch ist:
Ich freue mich, dass ich Sie wiedersehe. → Ich freue mich, Sie **wieder-
zusehen.**

A2 **6** **Das Partizip**

ℹ️ Im Deutschen gibt es zwei Formen des Partizips:
• Partizip I (auch: Partizip Präsens)
• Partizip II (auch: Partizip Perfekt)

B1 6.1 **Das Partizip I**

Formen
☀️ Das Partizip I wird gebildet, indem an den Verbstamm -end angehängt wird:
sing**end**, les**end**, trink**end.**
⚡ Es hat immer aktivische Bedeutung.

Gebrauch

Das Partizip I kann folgendermaßen verwendet werden:

attributiv:	die **singenden** Vögel
adverbial:	er ging **lachend** davon

☼ Beim attributiven Gebrauch des Partizip I wird es wie ein Adjektiv dekliniert. Wie Adjektive können auch die Partizipien I substantiviert werden: lesend → der/die Lesende.

☼ In der Verbindung mit zu bekommt das Partizip I passivische Bedeutung und drückt zusätzlich eine bestimmte Modalität (meist Notwendigkeit) aus: **B2**

ein **zu befürchtender** Nachteil (= ein Nachteil, der befürchtet werden muss)
eine **zu erledigende** Arbeit (= eine Arbeit, die erledigt werden muss)

6.2 Das Partizip II **A2**

Formen

Das Partizip II wird durch folgende Veränderungen gebildet:
Das Element ge- wird vor den Verbstamm gesetzt: **ge**-macht. Bei den schwachen (regelmäßigen) Verben wird die Endung -t an den Verbstamm gehängt: gemach-**t**.

⚡ Verben auf -ieren und Verben mit unbetonten, nicht trennbaren Präfixen haben kein -ge vor dem Verbstamm: studiert, telefoniert, erklärt.
Bei den Verben mit betonten, trennbaren Präfixen steht das Element -ge- zwischen Präfix und Verbstamm:
auf-**ge**-wacht, ein-**ge**-kauft.
⚡ Verben, die auf -d/-t oder Doppelkonsonanten mit -m/-n enden, erhalten die Endung -et: gered**et**, gerechn**et**.

Starke Verben erhalten die Endung -en. Zusätzlich verändern die meisten den Verbstamm: losgeg**a**ng**en** (▷ **1.1.2**).

Gebrauch

Das Partizip II wird in Kombination mit bestimmten Hilfsverben als Verb zur Bildung der zusammengesetzten Zeiten gebraucht:

Perfekt/Plusquamperfekt:	Wir haben/hatten **gelesen**.
	Sie sind/waren **gekommen**.
Passiv:	Sie wurden **geliebt**.

B1 ☼ Das Partizip II kann auch adjektivisch, meist attributiv, verwendet werden. Es wird dann dekliniert wie ein Adjektiv.

der geschriebene Text (= der Text, der geschrieben wurde)
die Geretteten (= die Menschen, die gerettet wurden)
der eingefahrene Zug (= der Zug, der eingefahren ist)
die angekommenen Gäste (= die Gäste, die angekommen sind)

B2 **(7) Das Passiv**

ⓘ Das Passiv wird verwendet, wenn der Handelnde nicht genannt werden kann oder soll.
Man unterscheidet Vorgangs- und Zustandspassiv. Das häufigere Passiv ist das Vorgangspassiv, das mit werden und dem Partizip II gebildet wird. Das Zustandspassiv wird mit sein und dem Partizip II gebildet.

Formen
Das Vorgangspassiv im Indikativ:

Präsens: er/es/sie wird geliebt/gerufen
Präteritum: er/es/sie wurde geliebt/gerufen
Perfekt: er/es/sie ist geliebt/gerufen worden
Plusquamperfekt: er/es/sie war geliebt/gerufen worden
Futur I: er/es/sie wird geliebt/gerufen werden
Futur II: er/es/sie wird geliebt/gerufen worden sein

Das Vorgangspassiv im Konjunktiv:

Konjunktiv I: er/es/sie werde geliebt/gerufen
Konjunktiv II: er/es/sie würde geliebt/gerufen
Vergangenheit Konj. I: er/es/sie sei geliebt/gerufen worden
Vergangenheit Konj. II: er/es/sie wäre geliebt/gerufen worden
Futur Konjunktiv I: er/es/sie werde geliebt/gerufen werden
Futur Konjunktiv II: er/es/sie würde geliebt/gerufen werden

Infinitiv Präsens: geliebt/gerufen werden
Infinitiv Perfekt: geliebt/gerufen worden sein
Modalpartizip: zu liebend/zu rufend
Partizip II: geliebt/gerufen
Imperativ: werde (werdet, werden Sie) geliebt!

Das Zustandspassiv:

> Infinitiv Präsens: verzaubert sein
> Infinitiv Perfekt: verzaubert gewesen sein
> Partizip II: verzaubert (gewesen)
> Imperativ: sei (seid, seien Sie) verzaubert!

☼ Am gebräuchlichsten ist das Zustandspassiv im Präsens und im Präteritum.

Gebrauch

ⓘ Das Vorgangspassiv beschreibt eine bestimmte Aktion oder einen Vorgang:
Die Türen des Museums **werden geschlossen**.
Die Lichter **werden gelöscht**.

⮕ Das Vorgangspassiv ist in der schriftlichen Sprache gebräuchlicher als in der mündlichen. Es wird häufig in wissenschaftlichen Texten, Zeitungsartikeln, Beschreibungen von Arbeitsvorgängen, Regeln und Vorschriften verwendet, da es in diesen Texten meist nicht darauf ankommt, wer die Handlung ausgeführt hat.

Wenn man den Handelnden dennoch erwähnen möchte, wird er mit der Präposition von + Dativ genannt:
Die Türen des Museums werden **vom Wächter** geschlossen.

Das Zustandspassiv beschreibt einen Zustand, der das Resultat eines Vorgangs ist:
Die Türen des Museums **sind geschlossen**.
Die Lichter **sind gelöscht**.

① **sein**

Musterkonjugation;
Hilfsverb, Vollverb

Indikativ

Präsens

ich	bin
du	bist
er	ist
wir	sind
ihr	seid
sie	sind

Perfekt

ich	bin	gewesen
du	bist	gewesen
er	ist	gewesen
wir	sind	gewesen
ihr	seid	gewesen
sie	sind	gewesen

Futur I

ich	werde	sein
du	wirst	sein
er	wird	sein
wir	werden	sein
ihr	werdet	sein
sie	werden	sein

Präteritum

ich	war
du	warst
er	war
wir	waren
ihr	wart
sie	waren

Plusquamperfekt

ich	war	gewesen
du	warst	gewesen
er	war	gewesen
wir	waren	gewesen
ihr	wart	gewesen
sie	waren	gewesen

Futur II

ich	werde	gewesen	sein
du	wirst	gewesen	sein
er	wird	gewesen	sein
wir	werden	gewesen	sein
ihr	werdet	gewesen	sein
sie	werden	gewesen	sein

Konjunktiv

Konjunktiv I

ich	sei
du	sei(e)st
er	sei
wir	seien
ihr	sei(e)t
sie	seien

Perfekt

ich	sei	gewesen
du	sei(e)st	gewesen
er	sei	gewesen
wir	seien	gewesen
ihr	sei(e)t	gewesen
sie	seien	gewesen

Futur I

ich	werde	sein
du	werdest	sein
er	werde	sein
wir	werden	sein
ihr	werdet	sein
sie	werden	sein

Konjunktiv II

ich	wäre
du	wär(e)st
er	wäre
wir	wären
ihr	wär(e)t
sie	wären

Plusquamperfekt

ich	wäre	gewesen
du	wär(e)st	gewesen
er	wäre	gewesen
wir	wären	gewesen
ihr	wär(e)t	gewesen
sie	wären	gewesen

Futur II

ich	werde	gewesen	sein
du	werdest	gewesen	sein
er	werde	gewesen	sein
wir	werden	gewesen	sein
ihr	werdet	gewesen	sein
sie	werden	gewesen	sein

Infinitiv

Perfekt

gewesen sein

Partizip

Partizip I

seiend

Partizip II

gewesen

Imperativ

sei
seien wir
seid
seien Sie

▶▶ Anwendungsbeispiele

Gregor **ist** sportlich. *Gregor **hat eine Begabung** für Sport.*
Das Handy **ist** in der Jackentasche. *Das Handy **steckt** in der Jackentasche.*
Der Wein **ist** aus Frankreich. *Der Wein **kommt** aus Frankreich.*
Die Flutkatastrophe **war** im Februar 1962. *Die Flutkatastrophe **ereignete sich** im Februar 1962.*
Der weltkleinste Wagen **ist** aus einem Molekül. *Der weltkleinste Wagen **besteht** aus einem Molekül.*

„" Sprichwörter

Sei selbst gut, dann ist der andere dir noch besser. *Wenn man gut zu anderen Menschen ist, wird man reich belohnt.*
Was noch nicht ist, kann ja noch werden. *Das kann in der Zukunft noch Wirklichkeit werden.*
Wären keine Sünder, so wären keine Heiligen. *Das Gute existiert nicht ohne das Böse.*

◀▶ Ähnliche Verben

sich befinden
gehören
sich aufhalten
(her)kommen
bestehen
sich ereignen
existieren

⚡ Gebrauch

Das Verb sein wird als Vollverb und als Hilfsverb verwendet. Als Hilfsverb bildet es zusammen mit dem Partizip II das Zustandspassiv und für Verben der Bewegung und der Zustandsveränderung die zusammengesetzten Zeitformen (▷ Grammatik rund ums Verb, **1.2**).

✎ Anmerkungen:

② haben

Musterkonjugation;
Hilfsverb, Vollverb

Indikativ

Präsens
ich	habe
du	hast
er	hat
wir	haben
ihr	habt
sie	haben

Perfekt
ich	habe	gehabt
du	hast	gehabt
er	hat	gehabt
wir	haben	gehabt
ihr	habt	gehabt
sie	haben	gehabt

Futur I
ich	werde	haben
du	wirst	haben
er	wird	haben
wir	werden	haben
ihr	werdet	haben
sie	werden	haben

Präteritum
ich	hatte
du	hattest
er	hatte
wir	hatten
ihr	hattet
sie	hatten

Plusquamperfekt
ich	hatte	gehabt
du	hattest	gehabt
er	hatte	gehabt
wir	hatten	gehabt
ihr	hattet	gehabt
sie	hatten	gehabt

Futur II
ich	werde	gehabt	haben
du	wirst	gehabt	haben
er	wird	gehabt	haben
wir	werden	gehabt	haben
ihr	werdet	gehabt	haben
sie	werden	gehabt	haben

Konjunktiv

Konjunktiv I
ich	habe
du	habest
er	habe
wir	haben
ihr	habet
sie	haben

Perfekt
ich	habe	gehabt
du	habest	gehabt
er	habe	gehabt
wir	haben	gehabt
ihr	habet	gehabt
sie	haben	gehabt

Futur I
ich	werde	haben
du	werdest	haben
er	werde	haben
wir	werden	haben
ihr	werdet	haben
sie	werden	haben

Konjunktiv II
ich	hätte
du	hättest
er	hätte
wir	hätten
ihr	hättet
sie	hätten

Plusquamperfekt
ich	hätte	gehabt
du	hättest	gehabt
er	hätte	gehabt
wir	hätten	gehabt
ihr	hättet	gehabt
sie	hätten	gehabt

Futur II
ich	werde	gehabt	haben
du	werdest	gehabt	haben
er	werde	gehabt	haben
wir	werden	gehabt	haben
ihr	werdet	gehabt	haben
sie	werden	gehabt	haben

Infinitiv

Perfekt
gehabt haben

Partizip

Partizip I
habend

Partizip II
gehabt

Imperativ
hab(e)
haben wir
habt
haben Sie

▶ Anwendungsbeispiele

Peter **hat** ein neues Auto. *Peter besitzt ein neues Auto.*

Sie **hat** viel Erfahrung in diesem Bereich. *Sie verfügt über viel Erfahrung in diesem Bereich.*

Sie **haben** eine Villa, einen Jaguar und eine Yacht. *Ihnen gehört eine Villa, ein Jaguar und eine Yacht.*

Sie **hat** einen gesunden Appetit. *Sie erfreut sich eines gesunden Appetits.*

München **hat** 1,33 Millionen Einwohner auf 5503 Quadratkilometern. *München zählt 1,33 Millionen Einwohner auf 5503 Quadratkilometern.*

🗨 Redewendungen

noch zu haben sein *noch nicht verheiratet oder gebunden sein*

an sich haben *charakteristisch sein, als Angewohnheit haben*

etw. für sich haben *vorteilhaft sein*

hinter sich haben *eine schwierige Situation überstanden haben*

in sich haben *nicht zu unterschätzen sein*

etw./nichts von etw. haben *von (keinem) Nutzen sein*

◗ Ähnliche Verben

besitzen	vorhaben
gehören	innehaben
verfügen über	
bekommen	
aufweisen	
zählen	
beinhalten	

⚡ Gebrauch

Das Verb haben wird als Vollverb und als Hilfsverb verwendet. Als Hilfsverb bildet es zusammen mit dem Partizip II für die meisten Verben die zusammengesetzten Zeiten (▶ Grammatik rund ums Verb, **1.2**).

✎ Anmerkungen:

③ **werden**

Musterkonjugation;
Hilfsverb, Vollverb; Stammvokalwechsel e → u → o

Indikativ

Präsens

ich	werde	
du	wirst	
er	wird	
wir	werden	
ihr	werdet	
sie	werden	

Perfekt

ich	bin	geworden
du	bist	geworden
er	ist	geworden
wir	sind	geworden
ihr	seid	geworden
sie	sind	geworden

Futur I

ich	werde	werden
du	wirst	werden
er	wird	werden
wir	werden	werden
ihr	werdet	werden
sie	werden	werden

Präteritum

ich	wurde
du	wurdest
er	wurde
wir	wurden
ihr	wurdet
sie	wurden

Plusquamperfekt

ich	war	geworden
du	warst	geworden
er	war	geworden
wir	waren	geworden
ihr	wart	geworden
sie	waren	geworden

Futur II

ich	werde	geworden	sein
du	wirst	geworden	sein
er	wird	geworden	sein
wir	werden	geworden	sein
ihr	werdet	geworden	sein
sie	werden	geworden	sein

Konjunktiv

Konjunktiv I

ich	werde
du	werdest
er	werde
wir	werden
ihr	werdet
sie	werden

Perfekt

ich	sei	geworden
du	sei(e)st	geworden
er	sei	geworden
wir	seien	geworden
ihr	sei(e)t	geworden
sie	seien	geworden

Futur I

ich	werde	werden
du	werdest	werden
er	werde	werden
wir	werden	werden
ihr	werdet	werden
sie	werden	werden

Konjunktiv II

ich	würde
du	würdest
er	würde
wir	würden
ihr	würdet
sie	würden

Plusquamperfekt

ich	wäre	geworden
du	wär(e)st	geworden
er	wäre	geworden
wir	wären	geworden
ihr	wär(e)t	geworden
sie	wären	geworden

Futur II

ich	werde	geworden	sein
du	werdest	geworden	sein
er	werde	geworden	sein
wir	werden	geworden	sein
ihr	werdet	geworden	sein
sie	werden	geworden	sein

Infinitiv

Perfekt

geworden sein

Partizip

Partizip I

werdend

Partizip II

worden/geworden

Imperativ

werde
werden wir
werdet
werden Sie

▶ Anwendungsbeispiele

Nach dem Essen **werde** ich immer müde. *Nach dem Essen **beginne** ich mich müde zu fühlen.*
Auf Dauer **wird** es zur Routine. *Auf Dauer **entwickelt** es **sich** zur Routine.*
Der Gänsebraten **ist** was **geworden**! *Der Gänsebraten **ist** gut **gelungen**.*
Warte nicht, es **wird** spät. *Warte nicht, es **dauert** länger.*

˶ Redewendungen

nicht mehr werden *aus dem Staunen nicht rauskommen*
irgendwo nicht alt werden *sich irgendwo nicht gern lange aufhalten*
einer Sache ansichtig werden *etwas erblicken*
etw./nichts werden *gelingen/nicht gelingen*

◑ Ähnliche Verben

sich ändern
sich wandeln
sich nähern
beginnen
sich entwickeln
gelingen

⚡ Gebrauch

Das Verb werden wird als Vollverb und als Hilfsverb verwendet. Als Hilfsverb wird mit werden die Zukunft ausgedrückt und es bildet zusammen mit dem Partizip II das Vorgangspassiv (▷ Grammatik rund ums Verb, 1.2).
Die Konjunktiv II-Form von werden (würde) in Verbindung mit einem Infinitiv wird häufig als Ersatzform für den Konjunktiv II verwendet, wenn sich die Konjunktiv II-Formen nicht vom Präteritum unterscheiden lassen, wie es bei den regelmäßigen Verben der Fall ist.
Präteritum: er spielte
Konjunktiv II: er spielte → er **würde** spielen

✐ Anmerkungen:

④ lieben

Musterkonjugation;
Regelmäßiges Verb

Indikativ

Präsens
ich	liebe
du	liebst
er	liebt
wir	lieben
ihr	liebt
sie	lieben

Perfekt
ich	habe	geliebt
du	hast	geliebt
er	hat	geliebt
wir	haben	geliebt
ihr	habt	geliebt
sie	haben	geliebt

Futur I
ich	werde	lieben
du	wirst	lieben
er	wird	lieben
wir	werden	lieben
ihr	werdet	lieben
sie	werden	lieben

Präteritum
ich	liebte
du	liebtest
er	liebte
wir	liebten
ihr	liebtet
sie	liebten

Plusquamperfekt
ich	hatte	geliebt
du	hattest	geliebt
er	hatte	geliebt
wir	hatten	geliebt
ihr	hattet	geliebt
sie	hatten	geliebt

Futur II
ich	werde	geliebt	haben
du	wirst	geliebt	haben
er	wird	geliebt	haben
wir	werden	geliebt	haben
ihr	werdet	geliebt	haben
sie	werden	geliebt	haben

Konjunktiv

Konjunktiv I
ich	liebe
du	liebest
er	liebe
wir	lieben
ihr	liebet
sie	lieben

Perfekt
ich	habe	geliebt
du	habest	geliebt
er	habe	geliebt
wir	haben	geliebt
ihr	habet	geliebt
sie	haben	geliebt

Futur I
ich	werde	lieben
du	werdest	lieben
er	werde	lieben
wir	werden	lieben
ihr	werdet	lieben
sie	werden	lieben

Konjunktiv II
ich	liebte
du	liebtest
er	liebte
wir	liebten
ihr	liebtet
sie	liebten

Plusquamperfekt
ich	hätte	geliebt
du	hättest	geliebt
er	hätte	geliebt
wir	hätten	geliebt
ihr	hättet	geliebt
sie	hätten	geliebt

Futur II
ich	werde	geliebt	haben
du	werdest	geliebt	haben
er	werde	geliebt	haben
wir	werden	geliebt	haben
ihr	werdet	geliebt	haben
sie	werden	geliebt	haben

Infinitiv

Perfekt
geliebt haben

Partizip

Partizip I
liebend

Partizip II
geliebt

Imperativ
lieb(e)
lieben wir
liebt
lieben Sie

▶ Anwendungsbeispiele

Ich **liebe** dich. *Ich* **mag** *dich sehr gern.*

Anna **liebt** die Musik von Beethoven. *Anna* **gefällt** *die Musik von Beethoven sehr.*

Petra und Paul **lieben sich**. *Petra und Paul* **begehren sich.**

Sie **liebt** es, nach der Arbeit ein Bad zu nehmen. *Sie* **schätzt** *es sehr, nach der Arbeit ein Bad zu nehmen.*

Sie **liebten sich** auf seinem neuen Sofa. *Sie* **hatten Sex** *auf seinem neuen Sofa.*

,," Redewendungen

abgöttisch lieben *anbeten und vergöttern*

leidenschaftlich lieben *sehnsüchtige Liebe empfinden*

über alles lieben *sehr hoch schätzen*

von ganzem Herzen lieben *tiefe Liebesgefühle hegen*

die Abwechslung lieben *gerne etw. Neues ausprobieren, häufig den Freund/die Freundin wechseln (umgs.)*

lieben lernen *allmählich lieb gewinnen*

◀▶ Ähnliche Verben

begehren   sich verlieben

mögen

lieb haben

ins Herz geschlossen haben

schätzen

vergöttern

anbeten

zugetan sein

⚡ Gebrauch

Da sich bei lieben, wie bei allen regelmäßigen Verben, der Konjunktiv II nicht vom Präteritum unterscheidet, verwendet man statt der synthetischen Form meist die würde-Form: ich würde lieben (▷ Grammatik rund ums Verb, **3.1**).

⚠ Tipps & Tricks

Merken Sie sich die Konjugation dieses Verbs besonders gut. Die meisten Verben sind regelmäßig und haben die gleichen Formen wie lieben.

✎ Anmerkungen:

(5) nehmen

Musterkonjugation;

Unregelmäßiges Verb, Stammvokalwechsel e → a → o

Indikativ

Präsens

ich	nehme
du	**nimmst**
er	**nimmt**
wir	nehmen
ihr	nehmt
sie	nehmen

Perfekt

ich	habe	genommen
du	hast	genommen
er	hat	genommen
wir	haben	genommen
ihr	habt	genommen
sie	haben	genommen

Futur I

ich	werde	nehmen
du	wirst	nehmen
er	wird	nehmen
wir	werden	nehmen
ihr	werdet	nehmen
sie	werden	nehmen

Präteritum

ich	**nahm**
du	**nahmst**
er	**nahm**
wir	**nahmen**
ihr	**nahmt**
sie	**nahmen**

Plusquamperfekt

ich	hatte	genommen
du	hattest	genommen
er	hatte	genommen
wir	hatten	genommen
ihr	hattet	genommen
sie	hatten	genommen

Futur II

ich	werde	genommen	haben
du	wirst	genommen	haben
er	wird	genommen	haben
wir	werden	genommen	haben
ihr	werdet	genommen	haben
sie	werden	genommen	haben

Konjunktiv

Konjunktiv I

ich	nehme
du	nehmest
er	nehme
wir	nehmen
ihr	nehmet
sie	nehmen

Perfekt

ich	habe	genommen
du	habest	genommen
er	habe	genommen
wir	haben	genommen
ihr	habet	genommen
sie	haben	genommen

Futur I

ich	werde	nehmen
du	werdest	nehmen
er	werde	nehmen
wir	werden	nehmen
ihr	werdet	nehmen
sie	werden	nehmen

Konjunktiv II

ich	**nähme**
du	**nähmest**
er	**nähme**
wir	**nähmen**
ihr	**nähmet**
sie	**nähmen**

Plusquamperfekt

ich	hätte	genommen
du	hättest	genommen
er	hätte	genommen
wir	hätten	genommen
ihr	hättet	genommen
sie	hätten	genommen

Futur II

ich	werde	genommen	haben
du	werdest	genommen	haben
er	werde	genommen	haben
wir	werden	genommen	haben
ihr	werdet	genommen	haben
sie	werden	genommen	haben

Infinitiv

Perfekt

genommen haben

Partizip

Partizip I

nehmend

Partizip II

genommen

Imperativ

nimm

nehmen wir

nehmt

nehmen Sie

▶ Anwendungsbeispiele

Er **nahm** den Stift und fing an zu schreiben. *Er ergriff den Stift und fing an zu schreiben.*

Ich **habe** drei Wochen Urlaub **genommen**. *Ich habe drei Wochen Urlaub beantragt und bekommen.*

Zum Backen **nehmen** wir nur Vollkornmehl. *Zum Backen benutzen wir nur Vollkornmehl.*

Nehmen Sie die Tabletten 3x täglich. *Schlucken Sie die Tabletten 3x täglich.*

Nehmen wir mal das Mittelalter. *Stellen wir uns mal das Mittelalter vor.*

„" Redewendungen

es nicht so genau nehmen *nicht sehr auf die Einhaltung von etw. achten*

auf sich nehmen *Verantwortung für etwas Belastendes, Gefährliches übernehmen*

Abschied nehmen *sich verabschieden*

◑ Ähnliche Verben

sich bedienen mit	abnehmen
schlucken	benehmen
erbeuten	einnehmen
benutzen	entnehmen
herausholen	teilnehmen
beurteilen	unternehmen
sich vorstellen	vornehmen
ergreifen	zunehmen

⚡ Aufgepasst!

Beim Verb nehmen kommt es zu einem Stammvokalwechsel von -e zu -i. Dieser findet sich grundsätzlich bei allen Verben mit Stammvokalwechsel im Präsens Indikativ nur bei der 2. und 3. Person Singular. Die Endungen sind regelmäßig. Da es im Deutschen nach einem kurzen Stammvokal (nimmt) zu einer Konsonantendopplung kommt, schreibt man -mm. Das gilt auch für das Partizip II.

⚠ Tipps & Tricks

Alle Verben, die sich durch Anhängen von Präfixen mit dem Verb nehmen bilden lassen, folgen dem gleichen Konjugationsmuster. Dies gilt für alle Verben mit trennbaren und nicht trennbaren Präfixen.

✎ Anmerkungen:

6 aufhören

Indikativ

Präsens

ich	höre	auf
du	hörst	auf
er	hört	auf
wir	hören	auf
ihr	hört	auf
sie	hören	auf

Perfekt

ich	habe	aufgehört
du	hast	aufgehört
er	hat	aufgehört
wir	haben	aufgehört
ihr	habt	aufgehört
sie	haben	aufgehört

Futur I

ich	werde	aufhören
du	wirst	aufhören
er	wird	aufhören
wir	werden	aufhören
ihr	werdet	aufhören
sie	werden	aufhören

Präteritum

ich	hörte	auf
du	hörtest	auf
er	hörte	auf
wir	hörten	auf
ihr	hörtet	auf
sie	hörten	auf

Plusquamperfekt

ich	hatte	aufgehört
du	hattest	aufgehört
er	hatte	aufgehört
wir	hatten	aufgehört
ihr	hattet	aufgehört
sie	hatten	aufgehört

Futur II

ich	werde	aufgehört	haben
du	wirst	aufgehört	haben
er	wird	aufgehört	haben
wir	werden	aufgehört	haben
ihr	werdet	aufgehört	haben
sie	werden	aufgehört	haben

Konjunktiv

Konjunktiv I

ich	höre	auf
du	hörest	auf
er	höre	auf
wir	hören	auf
ihr	höret	auf
sie	hören	auf

Perfekt

ich	habe	aufgehört
du	habest	aufgehört
er	habe	aufgehört
wir	haben	aufgehört
ihr	habet	aufgehört
sie	haben	aufgehört

Futur I

ich	werde	aufhören
du	werdest	aufhören
er	werde	aufhören
wir	werden	aufhören
ihr	werdet	aufhören
sie	werden	aufhören

Konjunktiv II

ich	hörte	auf
du	hörtest	auf
er	hörte	auf
wir	hörten	auf
ihr	hörtet	auf
sie	hörten	auf

Plusquamperfekt

ich	hätte	aufgehört
du	hättest	aufgehört
er	hätte	aufgehört
wir	hätten	aufgehört
ihr	hättet	aufgehört
sie	hätten	aufgehört

Futur II

ich	werde	aufgehört	haben
du	werdest	aufgehört	haben
er	werde	aufgehört	haben
wir	werden	aufgehört	haben
ihr	werdet	aufgehört	haben
sie	werden	aufgehört	haben

Infinitiv

Perfekt

aufgehört haben

Partizip

Partizip I

aufhörend

Partizip II

aufgehört

Imperativ

hör auf
hören wir auf
hört auf
hören Sie auf

▶ Anwendungsbeispiele

Ich **habe aufgehört** zu rauchen. *Ich habe das Rauchen **aufgegeben**.*
Es **hörte auf** zu regnen. *Der Regen **legte sich**.*
Das Moorgebiet **hört** hier **auf**. *Das Moorgebiet **endet** hier.*
Hör mit dem Trinken **auf**! *Stell das Trinken **ein**!*
Erst gegen drei Uhr morgens **hörte** die Party **auf**. *Erst gegen drei Uhr morgens **klang** die Party **aus**.*

🙶 Sprichwörter

Die Kirche ist erst aus, wenn man aufhört zu singen. *Der Ausgang einer Angelegenheit ist bis zu ihrem Ende offen.*
Wenn es am besten schmeckt, soll man aufhören. *Man sollte nicht übermäßig viel auf einmal essen.*

⬤ Ähnliche Verben

abbrechen
ausklingen
auslaufen
aussetzen
(be)enden
(ab)schließen
vergehen
aufgeben
einstellen

⚡ Aufgepasst!

Bei den Verben mit trennbarem Präfix steht das Präfix bei den nicht zusammengesetzten Zeiten im Satz meist am Ende: Der Regen hörte erst nach drei Tagen **auf.**
Beim Partizip II steht zuerst das Präfix des Verbs und dann das Präfix ge-, mit dem das Partizip II der meisten Verben gebildet wird: auf + **ge** + hört → auf**ge**hört.

✍ Anmerkungen:

(7) sich ausruhen

Musterkonjugation;
Reflexivpronomen im Akkusativ

Indikativ

Präsens

ich	ruhe	mich	aus
du	ruhst	dich	aus
er	ruht	sich	aus
wir	ruhen	uns	aus
ihr	ruht	euch	aus
sie	ruhen	sich	aus

Perfekt

ich	habe	mich	ausgeruht
du	hast	dich	ausgeruht
er	hat	sich	ausgeruht
wir	haben	uns	ausgeruht
ihr	habt	euch	ausgeruht
sie	haben	sich	ausgeruht

Futur I

ich	werde	mich	ausruhen
du	wirst	dich	ausruhen
er	wird	sich	ausruhen
wir	werden	uns	ausruhen
ihr	werdet	euch	ausruhen
sie	werden	sich	ausruhen

Präteritum

ich	ruhte	mich	aus
du	ruhtest	dich	aus
er	ruhte	sich	aus
wir	ruhten	uns	aus
ihr	ruhtet	euch	aus
sie	ruhten	sich	aus

Plusquamperfekt

ich	hatte	mich	ausgeruht
du	hattest	dich	ausgeruht
er	hatte	sich	ausgeruht
wir	hatten	uns	ausgeruht
ihr	hattet	euch	ausgeruht
sie	hatten	sich	ausgeruht

Futur II

ich	werde	mich	ausgeruht	haben
du	wirst	dich	ausgeruht	haben
er	wird	sich	ausgeruht	haben
wir	werden	uns	ausgeruht	haben
ihr	werdet	euch	ausgeruht	haben
sie	werden	sich	ausgeruht	haben

Konjunktiv

Konjunktiv I

ich	ruhe	mich	aus
du	ruhest	dich	aus
er	ruhet	sich	aus
wir	ruhen	uns	aus
ihr	ruhet	euch	aus
sie	ruhen	sich	aus

Perfekt

ich	habe	mich	ausgeruht
du	habest	dich	ausgeruht
er	habe	sich	ausgeruht
wir	haben	uns	ausgeruht
ihr	habet	euch	ausgeruht
sie	haben	sich	ausgeruht

Futur I

ich	werde	mich	ausruhen
du	werdest	dich	ausruhen
er	werde	sich	ausruhen
wir	werden	uns	ausruhen
ihr	werdet	euch	ausruhen
sie	werden	sich	ausruhen

Konjunktiv II

ich	ruhte	mich	aus
du	ruhtest	dich	aus
er	ruhte	sich	aus
wir	ruhten	uns	aus
ihr	ruhtet	euch	aus
sie	ruhten	sich	aus

Plusquamperfekt

ich	hätte	mich	ausgeruht
du	hättest	dich	ausgeruht
er	hätte	sich	ausgeruht
wir	hätten	uns	ausgeruht
ihr	hättet	euch	ausgeruht
sie	hätten	sich	ausgeruht

Futur II

ich	werde	mich	ausgeruht	haben
du	werdest	dich	ausgeruht	haben
er	werde	sich	ausgeruht	haben
wir	werden	uns	ausgeruht	haben
ihr	werdet	euch	ausgeruht	haben
sie	werden	sich	ausgeruht	haben

Infinitiv

Perfekt

sich ausgeruht haben

Partizip

Partizip I

sich ausruhend

Partizip II

sich ausgeruht

Imperativ

ruh dich aus
ruhen wir uns aus
ruht euch aus
ruhen Sie sich aus

▶▶ Anwendungsbeispiele

Nach der Arbeit muss ich **mich** erst mal **ausruhen**. *Nach der Arbeit muss ich mich erst mal erholen.*
Ruh dich einen Moment **aus**. *Verschnauf einen Moment.*
Sie **ruhte sich** kurz in der Hängematte **aus**. *Sie entspannte sich kurz in der Hängematte.*

„ Redewendungen

sich auf seinen Lorbeeren ausruhen *sich nach sehr guter Leistung nicht mehr weiter anstrengen*

◑⫶ Ähnliche Verben

abschalten
ausschlafen
aussetzen
faulenzen
rasten
sich entspannen
sich erholen
relaxen
verschnaufen

⚡ Gebrauch

Das Verb sich ausruhen gehört zu den Verben, die fest von einem Reflexiv-pronomen im Akkusativ begleitet werden. Die Reflexivpronomen im Akkusativ entsprechen den Personalpronomen im Akkusativ, nur in der 3. Person Singular und Plural steht sich.
Außerdem gibt es Verben, die sowohl reflexiv als auch nicht reflexiv und mit einer Akkusativergänzung gebraucht werden, so etwa das Verb anmelden:
Ich muss **mich** für den Kurs anmelden.
Ich muss **meine Tochter** für den Kurs anmelden.

❗ Tipps & Tricks

Ein Verb, das im Deutschen reflexiv ist, ist es in anderen Sprachen, in denen es auch reflexive Verben gibt, oft nicht. Lernen Sie deshalb die Verben immer mit dem Reflexivpronomen zusammen, möglichst im ganzen Satz.

✎ Anmerkungen:

8 sich aneignen

Indikativ

Präsens

ich	eigne	mir	an
du	eignest	dir	an
er	eignet	sich	an
wir	eignen	uns	an
ihr	eignet	euch	an
sie	eignen	sich	an

Perfekt

ich	habe	mir	angeeignet
du	hast	dir	angeeignet
er	hat	sich	angeeignet
wir	haben	uns	angeeignet
ihr	habt	euch	angeeignet
sie	haben	sich	angeeignet

Futur I

ich	werde	mir	aneignen
du	wirst	dir	aneignen
er	wird	sich	aneignen
wir	werden	uns	aneignen
ihr	werdet	euch	aneignen
sie	werden	sich	aneignen

Präteritum

ich	eignete	mir	an
du	eignetest	dir	an
er	eignete	sich	an
wir	eigneten	uns	an
ihr	eignetet	euch	an
sie	eigneten	sich	an

Plusquamperfekt

ich	hatte	mir	angeeignet
du	hattest	dir	angeeignet
er	hatte	sich	angeeignet
wir	hatten	uns	angeeignet
ihr	hattet	euch	angeeignet
sie	hatten	sich	angeeignet

Futur II

ich	werde	mir	angeeignet	haben
du	wirst	dir	angeeignet	haben
er	wird	sich	angeeignet	haben
wir	werden	uns	angeeignet	haben
ihr	werdet	euch	angeeignet	haben
sie	werden	sich	angeeignet	haben

Konjunktiv

Konjunktiv I

ich	eigne	mir	an
du	eignest	dir	an
er	eigne	sich	an
wir	eignen	uns	an
ihr	eignet	euch	an
sie	eignen	sich	an

Perfekt

ich	habe	mir	angeeignet
du	habest	dir	angeeignet
er	habe	sich	angeeignet
wir	haben	uns	angeeignet
ihr	habet	euch	angeeignet
sie	haben	sich	angeeignet

Futur I

ich	werde	mir	aneignen
du	werdest	dir	aneignen
er	werde	sich	aneignen
wir	werden	uns	aneignen
ihr	werdet	euch	aneignen
sie	werden	sich	aneignen

Konjunktiv II

ich	eignete	mir	an
du	eignetest	dir	an
er	eignete	sich	an
wir	eigneten	uns	an
ihr	eignetet	euch	an
sie	eigneten	sich	an

Plusquamperfekt

ich	hätte	mir	angeeignet
du	hättest	dir	angeeignet
er	hätte	sich	angeeignet
wir	hätten	uns	angeeignet
ihr	hättet	euch	angeeignet
sie	hätten	sich	angeeignet

Futur II

ich	werde	mir	angeeignet	haben
du	werdest	dir	angeeignet	haben
er	werde	sich	angeeignet	haben
wir	werden	uns	angeeignet	haben
ihr	werdet	euch	angeeignet	haben
sie	werden	sich	angeeignet	haben

Infinitiv

Perfekt

sich angeeignet haben

Partizip

Partizip I

sich aneignend

Partizip II

sich angeeignet

Imperativ

eigne dir an
eignen wir uns an
eignet euch an
eignen Sie sich an

▶ Anwendungsbeispiele

Die Schüler müssen **sich** sehr viel Wissen in kürzester Zeit **aneignen**. *Die Schüler müssen sich sehr viel Wissen in kürzester Zeit erarbeiten.*

Am besten **eignest** du **dir** die hiesigen Gepflogenheiten schnell **an**. *Am besten prägst du dir die hiesigen Gepflogenheiten schnell ein.*

Ihr **habt euch** einfach die CDs aus der Musikbibliothek **angeeignet**? *Ihr habt einfach die CDs aus der Musikbibliothek eingesteckt?*

„" Redewendungen

sich einen guten Stil aneignen *sich gute Manieren antrainieren*

sich gutes Benehmen aneignen *gutes Betragen erlernen*

◑ Ähnliche Verben

sich antrainieren

sich erarbeiten

erlernen

einüben

erwerben

sich einprägen

sich üben in

sich bemächtigen

an sich nehmen

einstecken

erbeuten

wegnehmen

einsacken (umgs.)

⚡ Gebrauch

Das Verb sich aneignen gehört zu den Verben, die fest mit einem Reflexivpronomen im Dativ verbunden sind und zusätzlich noch eine Akkusativergänzung erfordern. Ebenso verhält es sich bei sich antrainieren, sich erarbeiten, sich einprägen.

✏ Anmerkungen:

⑨ gebraucht werden

Indikativ

Präsens
ich	werde	gebraucht
du	wirst	gebraucht
er	wird	gebraucht
wir	werden	gebraucht
ihr	werdet	gebraucht
sie	werden	gebraucht

Perfekt
ich	bin	gebraucht	worden
du	bist	gebraucht	worden
er	ist	gebraucht	worden
wir	sind	gebraucht	worden
ihr	seid	gebraucht	worden
sie	sind	gebraucht	worden

Futur I
ich	werde	gebraucht	werden
du	wirst	gebraucht	werden
er	wird	gebraucht	werden
wir	werden	gebraucht	werden
ihr	werdet	gebraucht	werden
sie	werden	gebraucht	werden

Präteritum
ich	wurde	gebraucht
du	wurdest	gebraucht
er	wurde	gebraucht
wir	wurden	gebraucht
ihr	wurdet	gebraucht
sie	wurden	gebraucht

Plusquamperfekt
ich	war	gebraucht	worden
du	warst	gebraucht	worden
er	war	gebraucht	worden
wir	waren	gebraucht	worden
ihr	wart	gebraucht	worden
sie	waren	gebraucht	worden

Futur II
ich	werde	gebraucht	worden	sein
du	wirst	gebraucht	worden	sein
er	wird	gebraucht	worden	sein
wir	werden	gebraucht	worden	sein
ihr	werdet	gebraucht	worden	sein
sie	werden	gebraucht	worden	sein

Konjunktiv

Konjunktiv I
ich	werde	gebraucht
du	werdest	gebraucht
er	werde	gebraucht
wir	werden	gebraucht
ihr	werdet	gebraucht
sie	werden	gebraucht

Perfekt
ich	sei	gebraucht	worden
du	sei(e)st	gebraucht	worden
er	sei	gebraucht	worden
wir	seien	gebraucht	worden
ihr	sei(e)t	gebraucht	worden
sie	seien	gebraucht	worden

Futur I
ich	werde	gebraucht	werden
du	werdest	gebraucht	werden
er	werde	gebraucht	werden
wir	werden	gebraucht	werden
ihr	werdet	gebraucht	werden
sie	werden	gebraucht	werden

Konjunktiv II
ich	würde	gebraucht
du	würdest	gebraucht
er	würde	gebraucht
wir	würden	gebraucht
ihr	würdet	gebraucht
sie	würden	gebraucht

Plusquamperfekt
ich	wäre	gebraucht	worden
du	wärest	gebraucht	worden
er	wäre	gebraucht	worden
wir	wären	gebraucht	worden
ihr	wäret	gebraucht	worden
sie	wären	gebraucht	worden

Futur II
ich	werde	gebraucht	worden	sein
du	werdest	gebraucht	worden	sein
er	werde	gebraucht	worden	sein
wir	werden	gebraucht	worden	sein
ihr	werdet	gebraucht	worden	sein
sie	werden	gebraucht	worden	sein

Infinitiv

Perfekt
gebraucht worden sein

Partizip

Partizip I
gebraucht werdend

Partizip II
gebraucht worden

Imperativ

–

–

–

–

–

▶ Anwendungsbeispiele

Für die Organisation des Festes **werden** viele Helfer **gebraucht**. *Für die Organisation des Festes* **werden** *viele Helfer* **benötigt**.

Wie **wurde** dieser Ausdruck ursprünglich **gebraucht**? *Wie* **wurde** *dieser Ausdruck ursprünglich* **verwendet**?

Mit den Kindern **wird** viel Geduld **gebraucht**. *Mit den Kindern* **ist** *viel Geduld* **erforderlich**.

,, Redewendungen

aus Sicherheitsgründen gebraucht werden *zur Sicherheit benutzt werden*

eine feste Hand brauchen *strenge Führung benötigen*

lange zu etw. brauchen *viel Zeit für etw. benötigen*

◀▶ Ähnliche Verben

benötigt werden

ausgenutzt werden

benutzt werden

verwendet werden

gehandhabt werden

aufgebraucht werden

verbraucht werden

⚡ Gebrauch

Das Vorgangspassiv wird im Deutschen mit dem Hilfsverb werden und dem Partizip II gebildet. Im Perfekt und Plusquamperfekt wird jedoch das Hilfsverb sein verwendet und nach dem Partizip II steht worden.

Das Geschirr **ist** nie wieder gebraucht **worden**.

Das Vorgangspassiv von den meisten Verben kann mit einer Akkusativergänzung (transitive Verben) gebildet werden.

Das Passiv wird im Deutschen sowohl in der mündlichen als auch in der schriftlichen Sprache verwendet, ist aber in der Schriftsprache gebräuchlicher (▶ Grammatik rund ums Verb, ❼).

✏ Anmerkungen:

⑩ geschlagen sein

Indikativ

Präsens
ich bin geschlagen
du bist geschlagen
er ist geschlagen
wir sind geschlagen
ihr seid geschlagen
sie sind geschlagen

Perfekt
ich bin geschlagen gewesen
du bist geschlagen gewesen
er ist geschlagen gewesen
wir sind geschlagen gewesen
ihr seid geschlagen gewesen
sie sind geschlagen gewesen

Futur I
ich werde geschlagen sein
du wirst geschlagen sein
er wird geschlagen sein
wir werden geschlagen sein
ihr werdet geschlagen sein
sie werden geschlagen sein

Präteritum
ich war geschlagen
du warst geschlagen
er war geschlagen
wir waren geschlagen
ihr wart geschlagen
sie waren geschlagen

Plusquamperfekt
ich war geschlagen gewesen
du warst geschlagen gewesen
er war geschlagen gewesen
wir waren geschlagen gewesen
ihr wart geschlagen gewesen
sie waren geschlagen gewesen

Futur II
ich werde geschlagen gewesen sein
du wirst geschlagen gewesen sein
er wird geschlagen gewesen sein
wir werden geschlagen gewesen sein
ihr werdet geschlagen gewesen sein
sie werden geschlagen gewesen sein

Konjunktiv

Konjunktiv I
ich sei geschlagen
du sei(e)st geschlagen
er sei geschlagen
wir seien geschlagen
ihr sei(e)t geschlagen
sie seien geschlagen

Perfekt
ich sei geschlagen gewesen
du sei(e)st geschlagen gewesen
er sei geschlagen gewesen
wir seien geschlagen gewesen
ihr sei(e)t geschlagen gewesen
sie seien geschlagen gewesen

Futur I
ich werde geschlagen sein
du werdest geschlagen sein
er werde geschlagen sein
wir werden geschlagen sein
ihr werdet geschlagen sein
sie werden geschlagen sein

Konjunktiv II
ich wäre geschlagen
du wär(e)st geschlagen
er wäre geschlagen
wir wären geschlagen
ihr wär(e)t geschlagen
sie wären geschlagen

Plusquamperfekt
ich wäre geschlagen gewesen
du wär(e)st geschlagen gewesen
er wäre geschlagen gewesen
wir wären geschlagen gewesen
ihr wär(e)t geschlagen gewesen
sie wären geschlagen gewesen

Futur II
ich werde geschlagen gewesen sein
du werdest geschlagen gewesen sein
er werde geschlagen gewesen sein
wir werden geschlagen gewesen sein
ihr werdet geschlagen gewesen sein
sie werden geschlagen gewesen sein

Infinitiv

Perfekt
geschlagen gewesen
sein

Partizip

Partizip I
geschlagen seiend

Partizip II
geschlagen gewesen

Imperativ
sei geschlagen
seien wir geschlagen
seid geschlagen
seien Sie geschlagen

▶ Anwendungsbeispiele

Die Bäume **sind geschlagen** und zum Abtransport bereit. *Die Bäume sind gefällt und zum Abtransport bereit.*
Der Nagel **ist** schon in die Wand **geschlagen**. *Der Nagel ist schon in die Wand gehauen.*
Der Weltmeister **ist geschlagen**! *Der Weltmeister ist bezwungen!*
Die Feinde **waren geschlagen** und ihr Anführer tot. *Die Feinde waren besiegt und ihr Anführer tot.*

„ Redewendungen

mit etw. geschlagen sein *an etw. leiden*
mit Blindheit geschlagen sein *etw. Wichtiges übersehen*

◀▶ Ähnliche Verben

gehauen sein
gefällt sein
besiegt sein
bezwungen sein
überrollt sein
überwältigt sein
übertrumpft sein
übermannt sein
erledigt sein

angeschlagen sein
ausgeschlagen sein
beschlagen sein
eingeschlagen sein
umgeschlagen sein
verschlagen sein
zerschlagen sein

⚡ Gebrauch

Das Zustandspassiv wird im Deutschen mit dem Hilfsverb sein und dem Partizip II gebildet. Beim Zustandspassiv sind die meisten Zeitformen kaum noch gebräuchlich. Meist wird das Präsens oder Präteritum verwendet.
Das Zustandspassiv wird verwendet, wenn man den Zustand nach einem vorangegangenen Vorgang beschreiben will. Der Vorgang selbst ist nicht mehr wichtig, sondern das Resultat. Deshalb wird der Täter meist nicht genannt.

✏ Anmerkungen:

11 beginnen

Stammvokalwechsel i → a → o

Indikativ

Präsens
ich	beginne
du	beginnst
er	beginnt
wir	beginnen
ihr	beginnt
sie	beginnen

Perfekt
ich	habe	begonnen
du	hast	begonnen
er	hat	begonnen
wir	haben	begonnen
ihr	habt	begonnen
sie	haben	begonnen

Futur I
ich	werde	beginnen
du	wirst	beginnen
er	wird	beginnen
wir	werden	beginnen
ihr	werdet	beginnen
sie	werden	beginnen

Präteritum
ich	begann
du	begannst
er	begann
wir	begannen
ihr	begannt
sie	begannen

Plusquamperfekt
ich	hatte	begonnen
du	hattest	begonnen
er	hatte	begonnen
wir	hatten	begonnen
ihr	hattet	begonnen
sie	hatten	begonnen

Futur II
ich	werde	begonnen	haben
du	wirst	begonnen	haben
er	wird	begonnen	haben
wir	werden	begonnen	haben
ihr	werdet	begonnen	haben
sie	werden	begonnen	haben

Konjunktiv

Konjunktiv I
ich	beginne
du	beginnest
er	beginne
wir	beginnen
ihr	beginnet
sie	beginnen

Perfekt
ich	habe	begonnen
du	habest	begonnen
er	habe	begonnen
wir	haben	begonnen
ihr	habet	begonnen
sie	haben	begonnen

Futur I
ich	werde	beginnen
du	werdest	beginnen
er	werde	beginnen
wir	werden	beginnen
ihr	werdet	beginnen
sie	werden	beginnen

Konjunktiv II
ich	begänne
du	begännest
er	begänne
wir	begännen
ihr	begännet
sie	begännen

Plusquamperfekt
ich	hätte	begonnen
du	hättest	begonnen
er	hätte	begonnen
wir	hätten	begonnen
ihr	hättet	begonnen
sie	hätten	begonnen

Futur II
ich	werde	begonnen	haben
du	werdest	begonnen	haben
er	werde	begonnen	haben
wir	werden	begonnen	haben
ihr	werdet	begonnen	haben
sie	werden	begonnen	haben

Infinitiv

Perfekt
begonnen haben

Partizip

Partizip I
beginnend

Partizip II
begonnen

Imperativ
beginn(e)
beginnen wir
beginnt
beginnen Sie

▶ Anwendungsbeispiele

Das Fußballspiel **beginnt** um 20 Uhr. *Das Fußballspiel* **startet** *um 20 Uhr.*
Er **beginnt** das Essen zu kochen. *Er* **fängt an** *das Essen zu kochen.*
Eine neue Zeit **beginnt**. *Eine neue Zeit* **bricht an**.
Die Geiger **beginnen** zu spielen. *Die Geiger* **setzen ein**.
Der Krieg zwischen den Volksgruppen **hat begonnen**. *Der Krieg zwischen den Volksgruppen* **ist ausgebrochen**.
Hinter dem Fluss **beginnt** das Naturschutzgebiet. *Hinter dem Fluss* **kommt** *das Naturschutzgebiet.*

„ Witz

Herr Meier: „Warum beginnen Sie das Witzbuch von hinten zu lesen?"
Herr Schmidt: „Ganz einfach: Wer zuletzt lacht, lacht am besten!"

Ähnliche Verben

anfangen
anbrechen
anlaufen
anpacken
ausbrechen
einsetzen
kommen
starten

⚡ Aufgepasst!

Das Verb beginnen gehört zu den Verben mit nicht trennbaren Präfixen. Verben mit dem Präfix be- bilden das Partizip II ohne ge-!
Dies gilt auch für die nicht trennbaren Präfixe: emp-, er-, ent-, ge-, miss-, ver-, zer- etc.
In seltenen Fällen werden im Konjunktiv II auch die folgenden Formen verwendet: ich begönne, du begönnest etc.

⚡ Tipps & Tricks

Folgende Verben werden wie beginnen konjugiert: gewinnen, spinnen und sinnen.
Lernen Sie Verben mit dem gleichen Konjugationsmuster am besten zusammen.

✎ Anmerkungen:

⑫ beißen

Stammvokalwechsel ei → i → i

Indikativ

Präsens
ich	beiße
du	beißt
er	beißt
wir	beißen
ihr	beißt
sie	beißen

Perfekt
ich	habe	gebissen
du	hast	gebissen
er	hat	gebissen
wir	haben	gebissen
ihr	habt	gebissen
sie	haben	gebissen

Futur I
ich	werde	beißen
du	wirst	beißen
er	wird	beißen
wir	werden	beißen
ihr	werdet	beißen
sie	werden	beißen

Präteritum
ich	biss
du	bissest
er	biss
wir	bissen
ihr	biss(e)t
sie	bissen

Plusquamperfekt
ich	hatte	gebissen
du	hattest	gebissen
er	hatte	gebissen
wir	hatten	gebissen
ihr	hattet	gebissen
sie	hatten	gebissen

Futur II
ich	werde	gebissen	haben
du	wirst	gebissen	haben
er	wird	gebissen	haben
wir	werden	gebissen	haben
ihr	werdet	gebissen	haben
sie	werden	gebissen	haben

Konjunktiv

Konjunktiv I
ich	beiße
du	beißest
er	beiße
wir	beißen
ihr	beißet
sie	beißen

Perfekt
ich	habe	gebissen
du	habest	gebissen
er	habe	gebissen
wir	haben	gebissen
ihr	habet	gebissen
sie	haben	gebissen

Futur I
ich	werde	beißen
du	werdest	beißen
er	werde	beißen
wir	werden	beißen
ihr	werdet	beißen
sie	werden	beißen

Konjunktiv II
ich	bisse
du	bissest
er	bisse
wir	bissen
ihr	bisset
sie	bissen

Plusquamperfekt
ich	hätte	gebissen
du	hättest	gebissen
er	hätte	gebissen
wir	hätten	gebissen
ihr	hättet	gebissen
sie	hätten	gebissen

Futur II
ich	werde	gebissen	haben
du	werdest	gebissen	haben
er	werde	gebissen	haben
wir	werden	gebissen	haben
ihr	werdet	gebissen	haben
sie	werden	gebissen	haben

Infinitiv
Perfekt
gebissen haben

Partizip
Partizip I
beißend

Partizip II
gebissen

Imperativ
beiß(e)
beißen wir
beißt
beißen Sie

▶ Anwendungsbeispiele

Die alte Dame kann das harte Brot nicht mehr **beißen**. *Die alte Dame kann das harte Brot nicht mehr* **kauen**.

Der Hund **beißt** dem Briefträger ins Bein. *Der Hund* **packt** *den Briefträger mit den Zähnen.*

Das Gas **beißt** in den Augen. *Das Gas* **brennt** *in den Augen.*

Das rote T-Shirt **beißt sich mit** der rosa Hose. *Das rote T-Shirt* **passt** *nicht* **zu** *der rosa Hose.*

Während des Krieges hatten die Menschen **nichts zu beißen**. *Während des Krieges* **hatten** *die Menschen* **nichts zu essen**.

Ich **habe** mir **auf** die Zunge **gebissen**! *Ich* **habe** *meine Zunge mit den Zähnen* **verletzt**.

,❝ Redewendungen

in den sauren Apfel beißen *etw. Unangenehmes zwangsläufig tun*
ins Gras beißen *sterben*
auf Granit beißen *auf starken Widerstand stoßen*
sich auf die Zunge beißen *sich zwingen, etw. nicht zu äußern*

⊜⧣ Ähnliche Verben

brennen   abbeißen
jucken   anbeißen
kauen   zerbeißen
knabbern   zubeißen

⚡ Aufgepasst!

Da man im Deutschen nach einem langen Vokal oder Doppelvokal (**bei**ßen) -ß schreibt, nach einem kurzen Vokal (**bi**ss) aber -ss, kommt es im Präteritum, Konjunktiv II und Partizip II zu dem Konsonantenwechsel -ß zu -ss. Achten Sie auch auf das eingeschobene -e in der 2. Person Singular Präteritum (▷ Grammatik rund ums Verb, **1.1.1**).

≡✎ Anmerkungen:

⑬ bitten

Stammvokalwechsel i ➝ a ➝ e

Indikativ

Präsens
ich	bitte
du	bittest
er	bittet
wir	bitten
ihr	bittet
sie	bitten

Perfekt
ich	habe	gebeten
du	hast	gebeten
er	hat	gebeten
wir	haben	gebeten
ihr	habt	gebeten
sie	haben	gebeten

Futur I
ich	werde	bitten
du	wirst	bitten
er	wird	bitten
wir	werden	bitten
ihr	werdet	bitten
sie	werden	bitten

Präteritum
ich	bat
du	batest
er	bat
wir	baten
ihr	batet
sie	baten

Plusquamperfekt
ich	hatte	gebeten
du	hattest	gebeten
er	hatte	gebeten
wir	hatten	gebeten
ihr	hattet	gebeten
sie	hatten	gebeten

Futur II
ich	werde	gebeten	haben
du	wirst	gebeten	haben
er	wird	gebeten	haben
wir	werden	gebeten	haben
ihr	werdet	gebeten	haben
sie	werden	gebeten	haben

Konjunktiv

Konjunktiv I
ich	bitte
du	bittest
er	bitte
wir	bitten
ihr	bittet
sie	bitten

Perfekt
ich	habe	gebeten
du	habest	gebeten
er	habe	gebeten
wir	haben	gebeten
ihr	habet	gebeten
sie	haben	gebeten

Futur I
ich	werde	bitten
du	werdest	bitten
er	werde	bitten
wir	werden	bitten
ihr	werdet	bitten
sie	werden	bitten

Konjunktiv II
ich	bäte
du	bätest
er	bäte
wir	bäten
ihr	bätet
sie	bäten

Plusquamperfekt
ich	hätte	gebeten
du	hättest	gebeten
er	hätte	gebeten
wir	hätten	gebeten
ihr	hättet	gebeten
sie	hätten	gebeten

Futur II
ich	werde	gebeten	haben
du	werdest	gebeten	haben
er	werde	gebeten	haben
wir	werden	gebeten	haben
ihr	werdet	gebeten	haben
sie	werden	gebeten	haben

Infinitiv
Perfekt
gebeten haben

Partizip
Partizip I
bittend
Partizip II
gebeten

Imperativ
bitte
bitten wir
bittet
bitten Sie

▶ Anwendungsbeispiele

Sie **bittet** ihn, das Auto in die Werkstatt zu bringen. *Sie* **fordert** *ihn* **auf**, *das Auto in die Werkstatt zu bringen.*

Er **bittet** seine Schwester **um** einen Gefallen. *Er* **ersucht** *seine Schwester* **um** *einen Gefallen.*

Die Gastgeberin **bittet** ihre Gäste in den Saal. *Die Gastgeberin* **lädt** *ihre Gäste in den Saal* **ein**.

Ich **bitte** dich: Tu das nicht! *Ich* **beschwöre** *dich: Tu das nicht!*

❝ Redewendungen

bitten und betteln *sehr intensiv flehen*

um die Hand der Tochter bitten *die Eltern ersuchen, ihre Tochter heiraten zu dürfen*

zur Kasse bitten *von jmdm. Geld verlangen*

ums Wort bitten *einen Redebeitrag leisten wollen*

◐ Ähnliche Verben

(an)flehen

auffordern

bedrängen

beschwören

betteln

drängen

ersuchen

einladen

zu sich rufen

erbitten

verbitten

⚡ Aufgepasst!

Da sich der Stammvokal im Präteritum, Konjunktiv II und Partizip II von einem kurzem Vokal (bitten) zu einem langen Vokal (bat, gebeten) ändert, entfällt ein -t. Im Deutschen steht normalerweise nach einem langen Vokal kein Doppelkonsonant.

✎ Anmerkungen:

(14) bleiben

Stammvokalwechsel ei → ie → ie

Indikativ

Präsens
ich bleibe
du bleibst
er bleibt
wir bleiben
ihr bleibt
sie bleiben

Perfekt
ich bin geblieben
du bist geblieben
er ist geblieben
wir sind geblieben
ihr seid geblieben
sie sind geblieben

Futur I
ich werde bleiben
du wirst bleiben
er wird bleiben
wir werden bleiben
ihr werdet bleiben
sie werden bleiben

Präteritum
ich blieb
du bliebst
er blieb
wir blieben
ihr bliebt
sie blieben

Plusquamperfekt
ich war geblieben
du warst geblieben
er war geblieben
wir waren geblieben
ihr wart geblieben
sie waren geblieben

Futur II
ich werde geblieben sein
du wirst geblieben sein
er wird geblieben sein
wir werden geblieben sein
ihr werdet geblieben sein
sie werden geblieben sein

Konjunktiv

Konjunktiv I
ich bleibe
du bleibest
er bleibe
wir bleiben
ihr bleibet
sie bleiben

Perfekt
ich sei geblieben
du sei(e)st geblieben
er sei geblieben
wir seien geblieben
ihr sei(e)t geblieben
sie seien geblieben

Futur I
ich werde bleiben
du werdest bleiben
er werde bleiben
wir werden bleiben
ihr werdet bleiben
sie werden bleiben

Konjunktiv II
ich bliebe
du bliebest
er bliebe
wir blieben
ihr bliebet
sie blieben

Plusquamperfekt
ich wäre geblieben
du wär(e)st geblieben
er wäre geblieben
wir wären geblieben
ihr wär(e)t geblieben
sie wären geblieben

Futur II
ich werde geblieben sein
du werdest geblieben sein
er werde geblieben sein
wir werden geblieben sein
ihr werdet geblieben sein
sie werden geblieben sein

Infinitiv

Perfekt
geblieben sein

Partizip

Partizip I
bleibend

Partizip II
geblieben

Imperativ

bleib(e)
bleiben wir
bleibt
bleiben Sie

▶ Anwendungsbeispiele

Er ging, aber sie **blieb**. *Er ging, aber sie ging nicht mit.*

Ich **bleibe** noch ein paar Tage in Hamburg. *Ich verweile noch ein paar Tage in Hamburg.*

Er **bleibt bei** seiner Entscheidung. *Er hält an seiner Entscheidung fest.*

Jetzt **bleibt** uns nur noch eine Möglichkeit. *Jetzt ist nur noch eine Möglichkeit übrig.*

Bei schlechtem Wetter **bleibt** das Freibad geschlossen. *Bei schlechtem Wetter ist das Freibad weiterhin geschlossen.*

„ Redewendungen

am Ball bleiben *aktiv weitermachen*

am Leben bleiben *nicht sterben*

außen vor bleiben *nicht berücksichtigt werden*

bei der Wahrheit bleiben *nicht lügen*

bei der Sache bleiben *sich nicht ablenken lassen*

im Dunkeln bleiben *nicht bekannt werden*

im Gedächtnis/in Erinnerung bleiben *nicht vergessen werden*

sitzen bleiben *das Schuljahr wiederholen müssen*

⊜↻ Ähnliche Verben

sich aufhalten

verweilen

übrig sein

beharren auf

behaupten

festhalten an

abbleiben

aufbleiben

ausbleiben

überbleiben

unterbleiben

verbleiben

⚡ Aufgepasst!

Das Verb bleiben braucht zur Bildung des Perfekts und Plusquamperfekts das Hilfsverb sein.

⁝! Tipps & Tricks

Wie bleiben werden sich entscheiden, scheinen, schreiben, schweigen und steigen konjugiert sowie viele Verben, die durch Präfixe von diesen Verben abgeleitet sind.

≡✎ Anmerkungen:

15 brechen

Stammvokalwechsel e ➡ a ➡ o

Indikativ

Präsens

ich	breche
du	brichst
er	bricht
wir	brechen
ihr	brecht
sie	brechen

Perfekt

ich	habe	gebrochen
du	hast	gebrochen
er	hat	gebrochen
wir	haben	gebrochen
ihr	habt	gebrochen
sie	haben	gebrochen

Futur I

ich	werde	brechen
du	wirst	brechen
er	wird	brechen
wir	werden	brechen
ihr	werdet	brechen
sie	werden	brechen

Präteritum

ich	brach
du	brachst
er	brach
wir	brachen
ihr	bracht
sie	brachen

Plusquamperfekt

ich	hatte	gebrochen
du	hattest	gebrochen
er	hatte	gebrochen
wir	hatten	gebrochen
ihr	hattet	gebrochen
sie	hatten	gebrochen

Futur II

ich	werde	gebrochen	haben
du	wirst	gebrochen	haben
er	wird	gebrochen	haben
wir	werden	gebrochen	haben
ihr	werdet	gebrochen	haben
sie	werden	gebrochen	haben

Konjunktiv

Konjunktiv I

ich	breche
du	brechest
er	breche
wir	brechen
ihr	brechet
sie	brechen

Perfekt

ich	habe	gebrochen
du	habest	gebrochen
er	habe	gebrochen
wir	haben	gebrochen
ihr	habet	gebrochen
sie	haben	gebrochen

Futur I

ich	werde	brechen
du	werdest	brechen
er	werde	brechen
wir	werden	brechen
ihr	werdet	brechen
sie	werden	brechen

Konjunktiv II

ich	bräche
du	brächest
er	bräche
wir	brächen
ihr	brächet
sie	brächen

Plusquamperfekt

ich	hätte	gebrochen
du	hättest	gebrochen
er	hätte	gebrochen
wir	hätten	gebrochen
ihr	hättet	gebrochen
sie	hätten	gebrochen

Futur II

ich	werde	gebrochen	haben
du	werdest	gebrochen	haben
er	werde	gebrochen	haben
wir	werden	gebrochen	haben
ihr	werdet	gebrochen	haben
sie	werden	gebrochen	haben

Infinitiv

Perfekt

gebrochen haben

Partizip

Partizip I

brechend

Partizip II

gebrochen

Imperativ

brich
brechen wir
brecht
brechen Sie

▶ Anwendungsbeispiele

Beim Aufprall **brach** das Flugzeug in zwei Teile. *Beim Aufprall **barst** das Flugzeug in zwei Teile.*

Sie **hat sich** bei einem Unfall den Unterarm mehrfach **gebrochen**. *Ihr Unterarmknochen zersplitterte bei einem Unfall in mehrere Teile.*

Das kranke Kind **bricht** in der Nacht. *Das kranke Kind übergibt sich in der Nacht.*

Er **hat** den Vertrag **gebrochen**. *Er hat sich nicht mehr an den Vertrag gehalten.*

Sie **brach** ihr Versprechen. *Sie hielt sich nicht an ihr Versprechen.*

🙶 Redewendungen

sich Bahn brechen *sich durchsetzen*

das/sein Schweigen brechen *schließlich doch über etw. sprechen*

sein Wort brechen *ein gegebenes Versprechen nicht einhalten*

einen Rekord brechen *einen bestehenden Rekord übertreffen*

etw. vom Zaun brechen *etw. provozieren*

jmdm. das Herz brechen *jmdm. großen Kummer bereiten*

Ähnliche Verben

in die Brüche gehen

aufplatzen

zerstören

Schluss machen

sich übergeben

knicken

entzweigehen

bersten

aufbrechen

anbrechen

einbrechen

erbrechen

unterbrechen

verbrechen

zerbrechen

⚡ Aufgepasst!

Achten Sie auf den Stammvokalwechsel im Präsens. Wie bei einigen anderen Verben mit dem Stammvokal -e wird dieser nur in der 2. und 3. Person Singular zu -i: ich breche → du brichst, er bricht.

⚠ Tipps & Tricks

Das Verb brechen hat viele Bedeutungen. Lernen Sie das Verb im Kontext und bilden Sie damit Sätze. Variieren Sie diese öfter. So prägen Sie sich die verschiedenen Bedeutungen besser ein.

Anmerkungen:

16 bringen

Stammvokalwechsel i → a → a

Indikativ

Präsens
ich	bringe
du	bringst
er	bringt
wir	bringen
ihr	bringt
sie	bringen

Perfekt
ich	habe	gebracht
du	hast	gebracht
er	hat	gebracht
wir	haben	gebracht
ihr	habt	gebracht
sie	haben	gebracht

Futur I
ich	werde	bringen
du	wirst	bringen
er	wird	bringen
wir	werden	bringen
ihr	werdet	bringen
sie	werden	bringen

Präteritum
ich	brachte
du	brachtest
er	brachte
wir	brachten
ihr	brachtet
sie	brachten

Plusquamperfekt
ich	hatte	gebracht
du	hattest	gebracht
er	hatte	gebracht
wir	hatten	gebracht
ihr	hattet	gebracht
sie	hatten	gebracht

Futur II
ich	werde	gebracht	haben
du	wirst	gebracht	haben
er	wird	gebracht	haben
wir	werden	gebracht	haben
ihr	werdet	gebracht	haben
sie	werden	gebracht	haben

Konjunktiv

Konjunktiv I
ich	bringe
du	bringest
er	bringe
wir	bringen
ihr	bringet
sie	bringen

Perfekt
ich	habe	gebracht
du	habest	gebracht
er	habe	gebracht
wir	haben	gebracht
ihr	habet	gebracht
sie	haben	gebracht

Futur I
ich	werde	bringen
du	werdest	bringen
er	werde	bringen
wir	werden	bringen
ihr	werdet	bringen
sie	werden	bringen

Konjunktiv II
ich	brächte
du	brächtest
er	brächte
wir	brächten
ihr	brächtet
sie	brächten

Plusquamperfekt
ich	hätte	gebracht
du	hättest	gebracht
er	hätte	gebracht
wir	hätten	gebracht
ihr	hättet	gebracht
sie	hätten	gebracht

Futur II
ich	werde	gebracht	haben
du	werdest	gebracht	haben
er	werde	gebracht	haben
wir	werden	gebracht	haben
ihr	werdet	gebracht	haben
sie	werden	gebracht	haben

Infinitiv
Perfekt
gebracht haben

Partizip
Partizip I
bringend
Partizip II
gebracht

Imperativ
bring(e)
bringen wir
bringt
bringen Sie

▶ Anwendungsbeispiele

Er **bringt** das Geld zur Bank. *Er transportiert das Geld zur Bank.*
Sie **bringt** ihre Freundin zum Bahnhof. *Sie begleitet ihre Freundin zum Bahnhof.*
Er **bringt** ihr zum Hochzeitstag Blumen. *Er schenkt ihr zum Hochzeitstag Blumen.*
Der Verkauf ihrer Immobilien **hat** ihr einen hohen Gewinn **gebracht**. *Der Verkauf ihrer Immobilien hat ihr einen hohen Gewinn eingetragen.*

„ Redewendungen

hinter sich bringen *etw. bewältigen*
mit sich bringen *zur Folge haben*
in Gefahr bringen *bewirken, dass jmd. in eine gefährliche Situation gerät*
etw. nicht über sich bringen *sich nicht entschließen können, etw. zu tun*
jmdn. auf hundertachtzig bringen *jmdn. sehr wütend machen*
jmdn. um etw. bringen *jmdm. etw. wegnehmen*

Ähnliche Verben

liefern
transportieren
übergeben
begleiten
abwerfen
eintragen
veröffentlichen

einbringen
verbringen
überbringen
vorbringen
unterbringen
erbringen

⚡ Aufgepasst!

Das Verb bringen ist ein gemischtes Verb und zählt zu den unregelmäßigen Verben, da sich der Stammvokal ändert. Die Besonderheit der gemischten Verben liegt darin, dass sie im Präteritum regelmäßige Endungen haben und auch im Partizip II die regelmäßige Endung -t steht (▶ Grammatik rund ums Verb, **1.1.2**). Achten Sie bei diesem Verb auch auf die veränderte Schreibweise -ng → -ch nach dem Vokalwechsel: ich bri**ng**e (Präsens) → ich bra**ch**te (Präteritum).

⫶ Tipps & Tricks

Folgende Verben gehören wie bringen zu den gemischten Verben: brennen, denken, kennen, nennen, rennen, senden, wenden und wissen.

✎ Anmerkungen:

(17) denken

Stammvokalwechsel e → a → a

Indikativ

Präsens
ich	denke
du	denkst
er	denkt
wir	denken
ihr	denkt
sie	denken

Perfekt
ich	habe	gedacht
du	hast	gedacht
er	hat	gedacht
wir	haben	gedacht
ihr	habt	gedacht
sie	haben	gedacht

Futur I
ich	werde	denken
du	wirst	denken
er	wird	denken
wir	werden	denken
ihr	werdet	denken
sie	werden	denken

Präteritum
ich	dachte
du	dachtest
er	dachte
wir	dachten
ihr	dachtet
sie	dachten

Plusquamperfekt
ich	hatte	gedacht
du	hattest	gedacht
er	hatte	gedacht
wir	hatten	gedacht
ihr	hattet	gedacht
sie	hatten	gedacht

Futur II
ich	werde	gedacht	haben
du	wirst	gedacht	haben
er	wird	gedacht	haben
wir	werden	gedacht	haben
ihr	werdet	gedacht	haben
sie	werden	gedacht	haben

Konjunktiv

Konjunktiv I
ich	denke
du	denkest
er	denke
wir	denken
ihr	denket
sie	denken

Perfekt
ich	habe	gedacht
du	habest	gedacht
er	habe	gedacht
wir	haben	gedacht
ihr	habet	gedacht
sie	haben	gedacht

Futur I
ich	werde	denken
du	werdest	denken
er	werde	denken
wir	werden	denken
ihr	werdet	denken
sie	werden	denken

Konjunktiv II
ich	dächte
du	dächtest
er	dächte
wir	dächten
ihr	dächtet
sie	dächten

Plusquamperfekt
ich	hätte	gedacht
du	hättest	gedacht
er	hätte	gedacht
wir	hätten	gedacht
ihr	hättet	gedacht
sie	hätten	gedacht

Futur II
ich	werde	gedacht	haben
du	werdest	gedacht	haben
er	werde	gedacht	haben
wir	werden	gedacht	haben
ihr	werdet	gedacht	haben
sie	werden	gedacht	haben

Infinitiv

Perfekt
gedacht haben

Partizip

Partizip I
denkend

Partizip II
gedacht

Imperativ
denk(e)
denken wir
denkt
denken Sie

▶ Anwendungsbeispiele

„Wie mache ich das bloß?", **dachte** er. *„Wie mache ich das bloß?", überlegte er.*
Was **denkst** du darüber? *Wie beurteilst du das?*
Ich **denke,** dass er nicht mehr kommt. *Ich vermute, dass er nicht mehr kommt.*
Das hätte ich **mir** ja **denken** können! *Das hätte ich ahnen müssen.*
Ich **habe** gerade **an** unsere Hochzeitsreise **gedacht**. *Ich habe mich gerade an unsere Hochzeitsreise erinnert.*
Wir müssen auch **an** die Kosten **denken**. *Wie müssen die Kosten berücksichtigen.*

,, Redewendungen

Erstens kommt es anders, und zweitens als man denkt. *Man kann nicht vorhersehen, was passieren wird.*
Der Mensch denkt, Gott lenkt. *Menschliches Planen kann nicht vollkommen sein.*
Faulheit denkt scharf. *Der Faule sucht nach einem Weg, sein Ziel ohne Mühe zu erreichen.*

Ähnliche Verben

überlegen	ausdenken
beurteilen	bedenken
bewerten	erdenken
ahnen	mitdenken
sich erinnern	nachdenken
berücksichtigen	überdenken
beabsichtigen	vordenken

⚡ Aufgepasst!

Das Verb denken gehört wie bringen zu den gemischten Verben. Achten Sie auf die veränderte Schreibweise -nk ➞ -ch nach dem Vokalwechsel:
Präsens: ich denke
Präteritum: ich dachte

✎ Anmerkungen:

(18) dürfen

Indikativ

Präsens
ich	darf
du	darfst
er	darf
wir	dürfen
ihr	dürft
sie	dürfen

Perfekt
ich	habe	gedurft
du	hast	gedurft
er	hat	gedurft
wir	haben	gedurft
ihr	habt	gedurft
sie	haben	gedurft

Futur I
ich	werde	dürfen
du	wirst	dürfen
er	wird	dürfen
wir	werden	dürfen
ihr	werdet	dürfen
sie	werden	dürfen

Präteritum
ich	durfte
du	durftest
er	durfte
wir	durften
ihr	durftet
sie	durften

Plusquamperfekt
ich	hatte	gedurft
du	hattest	gedurft
er	hatte	gedurft
wir	hatten	gedurft
ihr	hattet	gedurft
sie	hatten	gedurft

Futur II
ich	werde	gedurft	haben
du	wirst	gedurft	haben
er	wird	gedurft	haben
wir	werden	gedurft	haben
ihr	werdet	gedurft	haben
sie	werden	gedurft	haben

Konjunktiv

Konjunktiv I
ich	dürfe
du	dürfest
er	dürfe
wir	dürfen
ihr	dürfet
sie	dürfen

Perfekt
ich	habe	gedurft
du	habest	gedurft
er	habe	gedurft
wir	haben	gedurft
ihr	habet	gedurft
sie	haben	gedurft

Futur I
ich	werde	dürfen
du	werdest	dürfen
er	werde	dürfen
wir	werden	dürfen
ihr	werdet	dürfen
sie	werden	dürfen

Konjunktiv II
ich	dürfte
du	dürftest
er	dürfte
wir	dürften
ihr	dürftet
sie	dürften

Plusquamperfekt
ich	hätte	gedurft
du	hättest	gedurft
er	hätte	gedurft
wir	hätten	gedurft
ihr	hättet	gedurft
sie	hätten	gedurft

Futur II
ich	werde	gedurft	haben
du	werdest	gedurft	haben
er	werde	gedurft	haben
wir	werden	gedurft	haben
ihr	werdet	gedurft	haben
sie	werden	gedurft	haben

Infinitiv

Perfekt
gedurft haben

Partizip

Partizip I
dürfend

Partizip II
gedurft

Imperativ

–
–
–
–

▶ Anwendungsbeispiele

Darf ich heute ein paar Minuten früher gehen? *Habe ich die Erlaubnis, heute ein paar Minuten früher zu gehen?*

Du **darfst** nicht traurig sein. *Sei nicht traurig.*

Das hättest du **nicht** tun **dürfen**. *Du hattest nicht das Recht, das zu tun.*

Darf ich annehmen, dass Sie mein Angebot akzeptieren? *Kann ich annehmen, dass Sie mein Angebot akzeptieren?*

Darf ich Sie bitten, mir zu folgen? *Würden Sie mir bitte folgen?*

„" Redewendungen

sich nicht mehr sehen lassen dürfen *nicht mehr willkommen sein*

mit etw. nicht spaßen dürfen *etw. ernst nehmen, nicht unterschätzen*

nicht wahr sein dürfen (umgs.) *nicht zu fassen sein, unmöglich sein*

≠ Andere Verben

untersagen
verbieten
versagen
verwehren
verweigern
sich verbitten

⚡ Gebrauch

Das Verb dürfen gehört zu den Modalverben (▶ Grammatik rund ums Verb, **1.3**). Diese beschreiben die Art und Weise, wie etwas geschieht, und verbinden sich meist mit einem Vollverb im Infinitiv, das am Ende des Satzes steht. Allgemein wird dürfen verwendet, wenn man eine Erlaubnis oder Berechtigung beschreibt. Demnach drückt die Verneinung mit nicht ein Verbot aus.

Außerdem kann man durch die Verwendung von dürfen Wünsche oder Bitten höflicher formulieren, wobei manchmal die Konjunktiv II-Form benutzt wird.

Dürfte ich Ihnen noch etwas Wein einschenken?

✎ Anmerkungen:

19 erwägen

Stammvokalwechsel ä → o → o

Indikativ

Präsens
ich	erwäge
du	erwägst
er	erwägt
wir	erwägen
ihr	erwägt
sie	erwägen

Perfekt
ich	habe	erwogen
du	hast	erwogen
er	hat	erwogen
wir	haben	erwogen
ihr	habt	erwogen
sie	haben	erwogen

Futur I
ich	werde	erwägen
du	wirst	erwägen
er	wird	erwägen
wir	werden	erwägen
ihr	werdet	erwägen
sie	werden	erwägen

Präteritum
ich	erwog
du	erwogst
er	erwog
wir	erwogen
ihr	erwogt
sie	erwogen

Plusquamperfekt
ich	hatte	erwogen
du	hattest	erwogen
er	hatte	erwogen
wir	hatten	erwogen
ihr	hattet	erwogen
sie	hatten	erwogen

Futur II
ich	werde	erwogen	haben
du	wirst	erwogen	haben
er	wird	erwogen	haben
wir	werden	erwogen	haben
ihr	werdet	erwogen	haben
sie	werden	erwogen	haben

Konjunktiv

Konjunktiv I
ich	erwäge
du	erwägest
er	erwäge
wir	erwägen
ihr	erwäget
sie	erwägen

Perfekt
ich	habe	erwogen
du	habest	erwogen
er	habe	erwogen
wir	haben	erwogen
ihr	habet	erwogen
sie	haben	erwogen

Futur I
ich	werde	erwägen
du	werdest	erwägen
er	werde	erwägen
wir	werden	erwägen
ihr	werdet	erwägen
sie	werden	erwägen

Konjunktiv II
ich	erwöge
du	erwögest
er	erwöge
wir	erwögen
ihr	erwöget
sie	erwögen

Plusquamperfekt
ich	hätte	erwogen
du	hättest	erwogen
er	hätte	erwogen
wir	hätten	erwogen
ihr	hättet	erwogen
sie	hätten	erwogen

Futur II
ich	werde	erwogen	haben
du	werdest	erwogen	haben
er	werde	erwogen	haben
wir	werden	erwogen	haben
ihr	werdet	erwogen	haben
sie	werden	erwogen	haben

Infinitiv
Perfekt
erwogen haben

Partizip
Partizip I
erwägend
Partizip II
erwogen

Imperativ
erwäg(e)
erwägen wir
erwägt
erwägen Sie

▶ Anwendungsbeispiele

Die Plattenfirmen **erwägen** Preiserhöhungen für Downloads. *Die Plattenfirmen* **denken** *über Preiserhöhungen für Downloads* **nach**.

Sie **erwog**, die neue Stelle anzunehmen. *Sie* **überlegte** *ernsthaft, die neue Stelle anzunehmen*.

Ich **erwäge**, ob ich mir ein neues Auto leisten kann. *Ich* **prüfe** *gründlich, ob ich mir ein neues Auto leisten kann*.

Bei der Parlamentssitzung **wurden** Gesetzesänderungen **erwogen**. *Bei der Parlamentssitzung* **wurden** *Gesetzesänderungen in Betracht gezogen*.

❝❞ Redewendungen

einen Vorschlag erwägen *über einen Vorschlag nachdenken*
einen Plan erwägen *einen Plan gründlich prüfen*
die Konsequenzen erwägen *die Konsequenzen in Betracht ziehen*
das Für und Wider einer Sache erwägen *das Für und Wider einer Sache bedenken*

◑ Ähnliche Verben

nachdenken über
bedenken
heranziehen
prüfen
überlegen
durchdenken
überschlafen

⚡ Aufgepasst!

Das Verb erwägen ist das einzige Verb mit genau diesem Konjugationsmuster. Trotzdem ist dieses Verb nicht schwer zu konjugieren, denn außer dem Vokalwechsel von -ä zu -o gibt es keine weiteren Besonderheiten. Verben, die ein ähnliches Konjugationsmuster aufweisen, unterscheiden sich nur im Präsens und Konjunktiv I von erwägen und in diesen Formen ist das Verb erwägen regelmäßig.

⚠ Tipps & Tricks

Lernen Sie das Verb erwägen zusammen mit den Verben des Konjugationsmusters schieben, biegen, fliegen, fliehen und wiegen (▷ Verb, ㊿).

✎ Anmerkungen:

20 essen

Stammvokalwechsel e → a → e

Indikativ

Präsens	Perfekt	Futur I
ich esse	ich habe gegessen	ich werde essen
du isst	du hast gegessen	du wirst essen
er isst	er hat gegessen	er wird essen
wir essen	wir haben gegessen	wir werden essen
ihr esst	ihr habt gegessen	ihr werdet essen
sie essen	sie haben gegessen	sie werden essen

Präteritum	Plusquamperfekt	Futur II
ich aß	ich hatte gegessen	ich werde gegessen haben
du aßest	du hattest gegessen	du wirst gegessen haben
er aß	er hatte gegessen	er wird gegessen haben
wir aßen	wir hatten gegessen	wir werden gegessen haben
ihr aß(e)t	ihr hattet gegessen	ihr werdet gegessen haben
sie aßen	sie hatten gegessen	sie werden gegessen haben

Konjunktiv

Konjunktiv I	Perfekt	Futur I
ich esse	ich habe gegessen	ich werde essen
du essest	du habest gegessen	du werdest essen
er esse	er habe gegessen	er werde essen
wir essen	wir haben gegessen	wir werden essen
ihr esset	ihr habet gegessen	ihr werdet essen
sie essen	sie haben gegessen	sie werden essen

Konjunktiv II	Plusquamperfekt	Futur II
ich äße	ich hätte gegessen	ich werde gegessen haben
du äßest	du hättest gegessen	du werdest gegessen haben
er äße	er hätte gegessen	er werde gegessen haben
wir äßen	wir hätten gegessen	wir werden gegessen haben
ihr äßet	ihr hättet gegessen	ihr werdet gegessen haben
sie äßen	sie hätten gegessen	sie werden gegessen haben

Infinitiv

Perfekt

gegessen haben

Partizip

Partizip I

essend

Partizip II

gegessen

Imperativ

iss

essen wir

esst

essen Sie

▶ Anwendungsbeispiele

Ich muss unbedingt etwas **essen**, mir ist ganz flau. *Ich muss mich unbedingt stärken, mir ist ganz flau.*
Er **isst** eine Currywurst. *Er nimmt eine Currywurst zu sich.*
Wir **aßen** gestern in einem Gourmetrestaurant. *Wir dinierten gestern in einem Gourmetrestaurant.*
Heute will ich mich so richtig satt **essen**. *Heute will ich so richtig schlemmen.*

,,⁶⁶ Redewendungen

wie ein Spatz essen *nur sehr wenig essen*
rückwärts essen *sich übergeben, erbrechen*
die Speisekarte rauf und runter essen *im Restaurant sehr viel verzehren*
mit Verstand essen *eine Speise im Bewusstsein ihrer Qualität genießen*

⊜≠ Ähnliche Verben

sich ernähren   mitessen
futtern (umgs.)
genießen
mampfen (umgs.)
speisen
verzehren
zu sich nehmen
dinieren
schlemmen
sich stärken
tafeln
naschen

⚡ Aufgepasst!

Achten Sie darauf, dass beim Verb essen im Partizip II ein -g eingeschoben wird:
Ich habe gestern zu viel Schokolade ge**g**essen.

≡✐ Anmerkungen:

(21) fahren

Stammvokalwechsel a → u → a

Indikativ

Präsens		Perfekt			Futur I		
ich	fahre	ich	bin	gefahren	ich	werde	fahren
du	fährst	du	bist	gefahren	du	wirst	fahren
er	fährt	er	ist	gefahren	er	wird	fahren
wir	fahren	wir	sind	gefahren	wir	werden	fahren
ihr	fahrt	ihr	seid	gefahren	ihr	werdet	fahren
sie	fahren	sie	sind	gefahren	sie	werden	fahren

Präteritum		Plusquamperfekt			Futur II			
ich	fuhr	ich	war	gefahren	ich	werde	gefahren	sein
du	fuhrst	du	warst	gefahren	du	wirst	gefahren	sein
er	fuhr	er	war	gefahren	er	wird	gefahren	sein
wir	fuhren	wir	waren	gefahren	wir	werden	gefahren	sein
ihr	fuhrt	ihr	wart	gefahren	ihr	werdet	gefahren	sein
sie	fuhren	sie	waren	gefahren	sie	werden	gefahren	sein

Konjunktiv

Konjunktiv I		Perfekt			Futur I		
ich	fahre	ich	sei	gefahren	ich	werde	fahren
du	fahrest	du	sei(e)st	gefahren	du	werdest	fahren
er	fahre	er	sei	gefahren	er	werde	fahren
wir	fahren	wir	seien	gefahren	wir	werden	fahren
ihr	fahret	ihr	sei(e)t	gefahren	ihr	werdet	fahren
sie	fahren	sie	seien	gefahren	sie	werden	fahren

Konjunktiv II		Plusquamperfekt			Futur II			
ich	führe	ich	wäre	gefahren	ich	werde	gefahren	sein
du	führest	du	wär(e)st	gefahren	du	werdest	gefahren	sein
er	führe	er	wäre	gefahren	er	werde	gefahren	sein
wir	führen	wir	wären	gefahren	wir	werden	gefahren	sein
ihr	führet	ihr	wär(e)t	gefahren	ihr	werdet	gefahren	sein
sie	führen	sie	wären	gefahren	sie	werden	gefahren	sein

Infinitiv

Perfekt

gefahren sein

Partizip

Partizip I

fahrend

Partizip II

gefahren

Imperativ

fahr(e)

fahren wir

fahrt

fahren Sie

▶ Anwendungsbeispiele

Am Wochenende **fahre** ich zu meiner Schwester. *Am Wochenende* ***reise*** *ich zu meiner Schwester.*

Fahren Sie doch mit dem Fahrstuhl nach oben! *Begeben Sie sich doch mit dem Fahrstuhl nach oben!*

Die Ware **wird** mit dem Lkw zu den Geschäften **gefahren**. *Die Ware **wird** mit dem Lkw zu den Geschäften **transportiert**.*

🗨 Redewendungen

fahren wie die Feuerwehr *sehr schnell fahren*

etw. fahren lassen *aufgeben, loslassen*

jmdm. in die Beine fahren *emotional stark berühren/erschrecken*

in die Höhe fahren *plötzlich und schnell aufstehen*

jmdn. über den Mund fahren *jmdn. zum Schweigen bringen*

🔄 Ähnliche Verben

reisen	befahren
lenken	anfahren
steuern	losfahren
befördern	überfahren
transportieren	vorfahren
sich begeben	erfahren
reisen	entfahren
sich fortbewegen	verfahren
tuckern (umgs.)	nachfahren
kurven (umgs.)	mitfahren

⚡ Aufgepasst!

Wenn das Verb fahren mit einer Akkusativergänzung verwendet wird, wird das Hilfsverb haben benutzt:

Er hat einen echten Lamborghini **gefahren**.

‼ Tipps & Tricks

Folgende Verben werden wie fahren konjugiert: graben, schlagen und tragen und die vielen Varianten dieser Verben, die es durch die Verbindung mit verschiedenen Präfixen gibt.

✏ Anmerkungen:

(22) fangen

Stammvokalwechsel a → i → a

Indikativ

Präsens
ich	fange
du	fängst
er	fängt
wir	fangen
ihr	fangt
sie	fangen

Perfekt
ich	habe	gefangen
du	hast	gefangen
er	hat	gefangen
wir	haben	gefangen
ihr	habt	gefangen
sie	haben	gefangen

Futur I
ich	werde	fangen
du	wirst	fangen
er	wird	fangen
wir	werden	fangen
ihr	werdet	fangen
sie	werden	fangen

Präteritum
ich	fing
du	fingst
er	fing
wir	fingen
ihr	fingt
sie	fingen

Plusquamperfekt
ich	hatte	gefangen
du	hattest	gefangen
er	hatte	gefangen
wir	hatten	gefangen
ihr	hattet	gefangen
sie	hatten	gefangen

Futur II
ich	werde	gefangen	haben
du	wirst	gefangen	haben
er	wird	gefangen	haben
wir	werden	gefangen	haben
ihr	werdet	gefangen	haben
sie	werden	gefangen	haben

Konjunktiv

Konjunktiv I
ich	fange
du	fangest
er	fange
wir	fangen
ihr	fanget
sie	fangen

Perfekt
ich	habe	gefangen
du	habest	gefangen
er	habe	gefangen
wir	haben	gefangen
ihr	habet	gefangen
sie	haben	gefangen

Futur I
ich	werde	fangen
du	werdest	fangen
er	werde	fangen
wir	werden	fangen
ihr	werdet	fangen
sie	werden	fangen

Konjunktiv II
ich	finge
du	fingest
er	finge
wir	fingen
ihr	finget
sie	fingen

Plusquamperfekt
ich	hätte	gefangen
du	hättest	gefangen
er	hätte	gefangen
wir	hätten	gefangen
ihr	hättet	gefangen
sie	hätten	gefangen

Futur II
ich	werde	gefangen	haben
du	werdest	gefangen	haben
er	werde	gefangen	haben
wir	werden	gefangen	haben
ihr	werdet	gefangen	haben
sie	werden	gefangen	haben

Infinitiv
Perfekt
gefangen haben

Partizip
Partizip I
fangend
Partizip II
gefangen

Imperativ
fang(e)
fangen wir
fangt
fangen Sie

▶ Anwendungsbeispiele

Er **hat** bisher noch jeden Ball **gefangen**. *Er hat bisher noch jeden Ball gekriegt.*

Inuit **fangen** Wale zum Essen und als Rohstoff. *Inuit jagen Wale zum Essen und als Rohstoff.*

Die Polizei **fing** die Täter nach einer langen Verfolgungsjagd. *Die Polizei fasste die Täter nach einer langen Verfolgungsjagd.*

Sie stolperte über den Ast, konnte sich aber gleich wieder **fangen**. *Sie stolperte über den Ast, kam aber gleich wieder ins Gleichgewicht.*

„ Redewendungen

Feuer fangen *sich für etw. begeistern*

sich in der eigenen Schlinge fangen *beim Versuch anderen zu schaden, sich selbst Schaden zufügen*

sich (wieder) fangen *nach einer Niederlage, Enttäuschung wieder Fassung gewinnen*

⊕ Ähnliche Verben

aufgreifen
(er)greifen
festnehmen
schnappen
verhaften
fassen
kriegen
packen

einfangen
empfangen
verfangen
auffangen
anfangen

⚡ Aufgepasst!

Achten Sie bei dem Verb fangen auf den Stammvokalwechsel im Präsens. Wie bei einigen anderen Verben mit dem Stammvokal -a wird dieser nur in der 2. und 3. Person Singular zu einem Umlaut:

ich fange → du fängst, er fängt

✎ Anmerkungen:

23 finden

Stammvokalwechsel i → a → u

Indikativ

Präsens

ich	finde
du	findest
er	findet
wir	finden
ihr	findet
sie	finden

Perfekt

ich	habe	gefunden
du	hast	gefunden
er	hat	gefunden
wir	haben	gefunden
ihr	habt	gefunden
sie	haben	gefunden

Futur I

ich	werde	finden
du	wirst	finden
er	wird	finden
wir	werden	finden
ihr	werdet	finden
sie	werden	finden

Präteritum

ich	fand
du	fandest
er	fand
wir	fanden
ihr	fandet
sie	fanden

Plusquamperfekt

ich	hatte	gefunden
du	hattest	gefunden
er	hatte	gefunden
wir	hatten	gefunden
ihr	hattet	gefunden
sie	hatten	gefunden

Futur II

ich	werde	gefunden	haben
du	wirst	gefunden	haben
er	wird	gefunden	haben
wir	werden	gefunden	haben
ihr	werdet	gefunden	haben
sie	werden	gefunden	haben

Konjunktiv

Konjunktiv I

ich	finde
du	findest
er	findet
wir	finden
ihr	findet
sie	finden

Perfekt

ich	habe	gefunden
du	habest	gefunden
er	habe	gefunden
wir	haben	gefunden
ihr	habet	gefunden
sie	haben	gefunden

Futur I

ich	werde	finden
du	werdest	finden
er	werde	finden
wir	werden	finden
ihr	werdet	finden
sie	werden	finden

Konjunktiv II

ich	fände
du	fändest
er	fände
wir	fänden
ihr	fändet
sie	fänden

Plusquamperfekt

ich	hätte	gefunden
du	hättest	gefunden
er	hätte	gefunden
wir	hätten	gefunden
ihr	hättet	gefunden
sie	hätten	gefunden

Futur II

ich	werde	gefunden	haben
du	werdest	gefunden	haben
er	werde	gefunden	haben
wir	werden	gefunden	haben
ihr	werdet	gefunden	haben
sie	werden	gefunden	haben

Infinitiv

Perfekt

gefunden haben

Partizip

Partizip I

findend

Partizip II

gefunden

Imperativ

find(e)

finden wir

findet

finden Sie

▶ Anwendungsbeispiele

Ich **habe** endlich meine Kinderfotos **gefunden**. *Ich habe endlich meine Kinderfotos aufgestöbert.*

Er **fand** in der neuen Stadt schnell Freunde. *Er gewann in der neuen Stadt schnell Freunde.*

Sie **fanden** die Formel für ein längeres Leben. *Sie entdeckten die Formel für ein längeres Leben.*

Sie **findet**, dass alles gut organisiert ist. *Sie meint, dass alles gut organisiert ist.*

„ Redewendungen

den Tod finden *sterben*
reißenden Absatz finden *sich sehr gut verkaufen*
den richtigen Ton finden *sich in einer Situation angemessen äußern*

Ähnliche Verben

aufspüren
aufstöbern
auftauchen
entdecken
ermitteln
feststellen
treffen auf
annehmen
denken
glauben
meinen

anfinden
auffinden
befinden
einfinden
empfinden
erfinden
stattfinden
vorfinden

⚡ Aufgepasst!

Bei dem Verb finden wird im Präsens bei der 2. Person Singular und Plural sowie bei der 3. Person Singular ein -e eingeschoben. Das gilt auch für die 2. Person Singular und Plural im Präteritum (▷ Grammatik rund ums Verb, 1.1.1).

✎ Anmerkungen:

24 fließen

Stammvokalwechsel ie → o → o

Indikativ

Präsens		Perfekt			Futur I		
ich	fließe	ich	bin	geflossen	ich	werde	fließen
du	fließt	du	bist	geflossen	du	wirst	fließen
er	fließt	er	ist	geflossen	er	wird	fließen
wir	fließen	wir	sind	geflossen	wir	werden	fließen
ihr	fließt	ihr	seid	geflossen	ihr	werdet	fließen
sie	fließen	sie	sind	geflossen	sie	werden	fließen

Präteritum		Plusquamperfekt			Futur II			
ich	floss	ich	war	geflossen	ich	werde	geflossen	sein
du	flossest	du	warst	geflossen	du	wirst	geflossen	sein
er	floss	er	war	geflossen	er	wird	geflossen	sein
wir	flossen	wir	waren	geflossen	wir	werden	geflossen	sein
ihr	floss(e)t	ihr	wart	geflossen	ihr	werdet	geflossen	sein
sie	flossen	sie	waren	geflossen	sie	werden	geflossen	sein

Konjunktiv

Konjunktiv I		Perfekt			Futur I		
ich	fließe	ich	sei	geflossen	ich	werde	fließen
du	fließest	du	sei(e)st	geflossen	du	werdest	fließen
er	fließe	er	sei	geflossen	er	werde	fließen
wir	fließen	wir	seien	geflossen	wir	werden	fließen
ihr	fließet	ihr	sei(e)t	geflossen	ihr	werdet	fließen
sie	fließen	sie	seien	geflossen	sie	werden	fließen

Konjunktiv II		Plusquamperfekt			Futur II			
ich	flösse	ich	wäre	geflossen	ich	werde	geflossen	sein
du	flössest	du	wär(e)st	geflossen	du	werdest	geflossen	sein
er	flösse	er	wäre	geflossen	er	werde	geflossen	sein
wir	flössen	wir	wären	geflossen	wir	werden	geflossen	sein
ihr	flösset	ihr	wär(e)t	geflossen	ihr	werdet	geflossen	sein
sie	flössen	sie	wären	geflossen	sie	werden	geflossen	sein

Infinitiv

Perfekt

geflossen sein

Partizip

Partizip I

fließend

Partizip II

geflossen

Imperativ

fließ(e)

fließen wir

fließt

fließen Sie

▶ Anwendungsbeispiele

Die Elbe **fließt** in die Nordsee. *Die Elbe strömt in die Nordsee.*

Die Milch **ist** über den ganzen Tisch **geflossen**. *Die Milch hat sich über den ganzen Tisch ergossen.*

Nach drei Stunden **floss** der Verkehr auf der A1 wieder ungehindert. *Nach drei Stunden bewegte sich der Verkehr auf der A1 wieder ungehindert.*

Die Informationen **fließen** still im Hintergrund. *Die Informationen sind still im Hintergrund im Umlauf.*

,," Redewendungen

glatt/leicht von den Lippen fließen *sich bedenkenlos über etw. äußern*

in Strömen fließen *in großen Mengen ausgeschenkt werden*

in jmds. Tasche fließen *Gewinn machen*

◖▶ Ähnliche Verben

sich ergießen

laufen

plätschern

rinnen

sprudeln

strömen

tröpfeln

tropfen

(ein)münden

ausfließen

einfließen

verfließen

zerfließen

⚡ Aufgepasst!

Da man im Deutschen nach einem langen Vokal oder Doppelvokal (**flie**ßen) -ß schreibt, nach einem kurzen Vokal (**flo**ss) aber -ss, kommt es im Präteritum, Konjunktiv II und Partizip II zu dem Konsonantenwechsel -ß zu -ss. Achten Sie auch auf das eingeschobene -e in der 2. Person Singular Präteritum (▷ Grammatik rund ums Verb, **1.1.1**).

✍ Anmerkungen:

25 gehen

Stammvokalwechsel e → i → a

Indikativ

Präsens
ich	gehe
du	gehst
er	geht
wir	gehen
ihr	geht
sie	gehen

Perfekt
ich	bin	gegangen
du	bist	gegangen
er	ist	gegangen
wir	sind	gegangen
ihr	seid	gegangen
sie	sind	gegangen

Futur I
ich	werde	gehen
du	wirst	gehen
er	wird	gehen
wir	werden	gehen
ihr	werdet	gehen
sie	werden	gehen

Präteritum
ich	ging
du	gingst
er	ging
wir	gingen
ihr	gingt
sie	gingen

Plusquamperfekt
ich	war	gegangen
du	warst	gegangen
er	war	gegangen
wir	waren	gegangen
ihr	wart	gegangen
sie	waren	gegangen

Futur II
ich	werde	gegangen	sein
du	wirst	gegangen	sein
er	wird	gegangen	sein
wir	werden	gegangen	sein
ihr	werdet	gegangen	sein
sie	werden	gegangen	sein

Konjunktiv

Konjunktiv I
ich	gehe
du	gehest
er	gehe
wir	gehen
ihr	gehet
sie	gehen

Perfekt
ich	sei	gegangen
du	sei(e)st	gegangen
er	sei	gegangen
wir	seien	gegangen
ihr	sei(e)t	gegangen
sie	seien	gegangen

Futur I
ich	werde	gehen
du	werdest	gehen
er	werde	gehen
wir	werden	gehen
ihr	werdet	gehen
sie	werden	gehen

Konjunktiv II
ich	ginge
du	gingest
er	ginge
wir	gingen
ihr	ginget
sie	gingen

Plusquamperfekt
ich	wäre	gegangen
du	wär(e)st	gegangen
er	wäre	gegangen
wir	wären	gegangen
ihr	wär(e)t	gegangen
sie	wären	gegangen

Futur II
ich	werde	gegangen	sein
du	werdest	gegangen	sein
er	werde	gegangen	sein
wir	werden	gegangen	sein
ihr	werdet	gegangen	sein
sie	werden	gegangen	sein

Infinitiv

Perfekt
gegangen sein

Partizip

Partizip I
gehend

Partizip II
gegangen

Imperativ
geh(e)
gehen wir
geht
gehen Sie

▶ Anwendungsbeispiele

Sie **geht** auf die Goetheschule. *Sie besucht die Goetheschule.*
Nach der Arbeit **gingen** sie zusammen zur U-Bahn. *Nach der Arbeit begaben sie sich zusammen zur U-Bahn.*
Das Kleid **ging** ihr bis zu den Knien. *Das Kleid reichte ihr bis zu den Knien.*
In dem Vortrag **geht** es **um** Gefahrenprävention. *Der Vortrag handelt von Gefahrenprävention.*

🙶 Redewendungen

wie auf Eiern gehen *sehr vorsichtig gehen*
in sich gehen *über das eigene Verhalten nachdenken, um es zu ändern*
jmdn. gehen lassen *jmdn. in Ruhe lassen*
zur Neige gehen *bald zu Ende sein*
zu weit gehen *das akzeptable Maß überschreiten*

⬤ Ähnliche Verben

sich fortbewegen	angehen
laufen	ausgehen
sich begeben	begehen
geschehen	eingehen
verlaufen	ergehen
sich drehen	übergehen
sich handeln	vergehen
sich fühlen	zergehen

⚡ Gebrauch

Von dem Verb gehen lassen sich nicht nur besonders viele Kombinationen mit Präfixen ableiten, das Verb gehen hat selbst sehr viele verschiedene Bedeutungen und Anwendungsmöglichkeiten. So kann man z. B. mit gehen + Präposition + Substantiv ein anderes Verb umschreiben:
Der Prozess **ist** gestern **zu Ende gegangen**. *Der Prozess hat gestern geendet.*

⚠ Tipps & Tricks

Um die verschiedenen Bedeutungen von gehen zu lernen, schreiben Sie möglichst viele Beispielsätze auf. Sie können auch das Großwörterbuch Deutsch als Fremdsprache von Langenscheidt zu Hilfe nehmen.

✎ Anmerkungen:

(26) greifen

Stammvokalwechsel ei → i → i

Indikativ

Präsens
ich	greife
du	greifst
er	greift
wir	greifen
ihr	greift
sie	greifen

Perfekt
ich	habe	gegriffen
du	hast	gegriffen
er	hat	gegriffen
wir	haben	gegriffen
ihr	habt	gegriffen
sie	haben	gegriffen

Futur I
ich	werde	greifen
du	wirst	greifen
er	wird	greifen
wir	werden	greifen
ihr	werdet	greifen
sie	werden	greifen

Präteritum
ich	griff
du	griffst
er	griff
wir	griffen
ihr	grifft
sie	griffen

Plusquamperfekt
ich	hatte	gegriffen
du	hattest	gegriffen
er	hatte	gegriffen
wir	hatten	gegriffen
ihr	hattet	gegriffen
sie	hatten	gegriffen

Futur II
ich	werde	gegriffen	haben
du	wirst	gegriffen	haben
er	wird	gegriffen	haben
wir	werden	gegriffen	haben
ihr	werdet	gegriffen	haben
sie	werden	gegriffen	haben

Konjunktiv

Konjunktiv I
ich	greife
du	greifest
er	greife
wir	greifen
ihr	greifet
sie	greifen

Perfekt
ich	habe	gegriffen
du	habest	gegriffen
er	habe	gegriffen
wir	haben	gegriffen
ihr	habet	gegriffen
sie	haben	gegriffen

Futur I
ich	werde	greifen
du	werdest	greifen
er	werde	greifen
wir	werden	greifen
ihr	werdet	greifen
sie	werden	greifen

Konjunktiv II
ich	griffe
du	griffest
er	griffe
wir	griffen
ihr	griffet
sie	griffen

Plusquamperfekt
ich	hätte	gegriffen
du	hättest	gegriffen
er	hätte	gegriffen
wir	hätten	gegriffen
ihr	hättet	gegriffen
sie	hätten	gegriffen

Futur II
ich	werde	gegriffen	haben
du	werdest	gegriffen	haben
er	werde	gegriffen	haben
wir	werden	gegriffen	haben
ihr	werdet	gegriffen	haben
sie	werden	gegriffen	haben

Infinitiv
Perfekt
gegriffen haben

Partizip
Partizip I
greifend
Partizip II
gegriffen

Imperativ
greif(e)
greifen wir
greift
greifen Sie

▶ Anwendungsbeispiele

Er **griff** sie am Arm und hielt sie fest, bis die Polizei kam. *Er **packte** sie am Arm und hielt sie fest, bis die Polizei kam.*

Nach dem Essen **greift** sie **sich** ihr Lieblingsbuch und liest. *Nach dem Essen nimmt sie ihr Lieblingsbuch und liest.*

Die Maßnahmen der Regierung **haben** noch nicht **gegriffen**. *Die Maßnahmen der Regierung sind noch nicht erfolgreich.*

🙶 Redewendungen

um sich greifen *sich ausbreiten*
unter die Arme greifen *einer Person helfen*
zur Flasche greifen *meist aus Trauer, Frust viel Alkohol trinken*
mit Händen zu greifen sein *offensichtlich sein*
nach dem Mond greifen *Unmögliches verwirklichen wollen*
nach den Sternen greifen *unerreichbare Ziele haben*
sich an die Stirn greifen *unfassbar finden*
tief in die Tasche greifen *viel für etw. bezahlen*

⬤ᵗ Ähnliche Verben

anfassen	angreifen
erfassen	aufgreifen
erhaschen	begreifen
packen	ergreifen
sich nehmen	herausgreifen
fangen	übergreifen
festnehmen	vergreifen
verhaften	vorgreifen

⚡ Aufgepasst!

Im Präteritum, Konjunktiv II und Partizip II schreibt man -ff, da es im Deutschen nach einem kurzen Stammvokal fast immer zu einer Konsonantendopplung kommt.

⁉ Tipps & Tricks

Schreiben Sie die Verben der Wortfamilie greifen auf Karteikarten. Notieren Sie auf der Vorderseite den Infinitiv und die Zeit (z. B. Präteritum), auf der Rückseite alle Personen.

✎ Anmerkungen:

(27) halten

Stammvokalwechsel a → ie → a

Indikativ

Präsens
ich	halte
du	hältst
er	hält
wir	halten
ihr	haltet
sie	halten

Perfekt
ich	habe	gehalten
du	hast	gehalten
er	hat	gehalten
wir	haben	gehalten
ihr	habt	gehalten
sie	haben	gehalten

Futur I
ich	werde	halten
du	wirst	halten
er	wird	halten
wir	werden	halten
ihr	werdet	halten
sie	werden	halten

Präteritum
ich	hielt
du	hielt(e)st
er	hielt
wir	hielten
ihr	hieltet
sie	hielten

Plusquamperfekt
ich	hatte	gehalten
du	hattest	gehalten
er	hatte	gehalten
wir	hatten	gehalten
ihr	hattet	gehalten
sie	hatten	gehalten

Futur II
ich	werde	gehalten	haben
du	wirst	gehalten	haben
er	wird	gehalten	haben
wir	werden	gehalten	haben
ihr	werdet	gehalten	haben
sie	werden	gehalten	haben

Konjunktiv

Konjunktiv I
ich	halte
du	haltest
er	halte
wir	halten
ihr	haltet
sie	halten

Perfekt
ich	habe	gehalten
du	habest	gehalten
er	habe	gehalten
wir	haben	gehalten
ihr	habet	gehalten
sie	haben	gehalten

Futur I
ich	werde	halten
du	werdest	halten
er	werde	halten
wir	werden	halten
ihr	werdet	halten
sie	werden	halten

Konjunktiv II
ich	hielte
du	hieltest
er	hielte
wir	hielten
ihr	hieltet
sie	hielten

Plusquamperfekt
ich	hätte	gehalten
du	hättest	gehalten
er	hätte	gehalten
wir	hätten	gehalten
ihr	hättet	gehalten
sie	hätten	gehalten

Futur II
ich	werde	gehalten	haben
du	werdest	gehalten	haben
er	werde	gehalten	haben
wir	werden	gehalten	haben
ihr	werdet	gehalten	haben
sie	werden	gehalten	haben

Infinitiv

Perfekt
gehalten haben

Partizip

Partizip I
haltend

Partizip II
gehalten

Imperativ
halt(e)
halten wir
haltet
halten Sie

▶ Anwendungsbeispiele

Er **hielt** den Pokal in die Höhe. *Er **hob** den Pokal in die Höhe.*
Sie liefen Händchen **haltend** durch den Park. *Sie liefen, sich an den Händen fassend, durch den Park.*
Was **hält** dich noch hier? *Warum **bleibst** du noch hier?*
Das Gesetz war nicht mehr zu **halten**. *Das Gesetz war nicht mehr zu **verteidigen**.*
Wenn ihr mitmachen wollt, müsst ihr **euch an** die Regeln **halten**. *Wenn ihr mitmachen wollt, müsst ihr die Regeln **befolgen**.*

❝❝ Redewendungen

an sich halten *sich beherrschen*
auf sich halten *auf seinen guten Ruf/sein Aussehen bedacht sein*
jmdn. zum Narren halten *jmdn. täuschen, jmdm. einen Streich spielen*
jmdn. in Atem halten *jmdn. nicht zur Ruhe kommen lassen*

🌐 Ähnliche Verben

anpacken	anhalten
erfassen	aushalten
sichern	behalten
stärken	beinhalten
bewahren	einhalten
verteidigen	erhalten
weiterführen	fernhalten
geben	innehalten
ausrichten	unterhalten
	verhalten

⚡ Aufgepasst!

Achten Sie auf das eingeschobene -e in der 2. Person Plural im Präsens und Präteritum. In der 2. Person Singular Präteritum können Sie auch ein -e einschieben, so lässt sich das Verb besser aussprechen.

✏ Anmerkungen:

(28) handeln

-deln → dle

Indikativ

Präsens
ich	handle
du	handelst
er	handelt
wir	handeln
ihr	handelt
sie	handeln

Perfekt
ich	habe	gehandelt
du	hast	gehandelt
er	hat	gehandelt
wir	haben	gehandelt
ihr	habt	gehandelt
sie	haben	gehandelt

Futur I
ich	werde	handeln
du	wirst	handeln
er	wird	handeln
wir	werden	handeln
ihr	werdet	handeln
sie	werden	handeln

Präteritum
ich	handelte
du	handeltest
er	handelte
wir	handelten
ihr	handeltet
sie	handelten

Plusquamperfekt
ich	hatte	gehandelt
du	hattest	gehandelt
er	hatte	gehandelt
wir	hatten	gehandelt
ihr	hattet	gehandelt
sie	hatten	gehandelt

Futur II
ich	werde	gehandelt	haben
du	wirst	gehandelt	haben
er	wird	gehandelt	haben
wir	werden	gehandelt	haben
ihr	werdet	gehandelt	haben
sie	werden	gehandelt	haben

Konjunktiv

Konjunktiv I
ich	handle
du	handlest
er	handle
wir	handeln
ihr	handlet
sie	handeln

Perfekt
ich	habe	gehandelt
du	habest	gehandelt
er	habe	gehandelt
wir	haben	gehandelt
ihr	habet	gehandelt
sie	haben	gehandelt

Futur I
ich	werde	handeln
du	werdest	handeln
er	werde	handeln
wir	werden	handeln
ihr	werdet	handeln
sie	werden	handeln

Konjunktiv II
ich	handelte
du	handeltest
er	handelte
wir	handelten
ihr	handeltet
sie	handelten

Plusquamperfekt
ich	hätte	gehandelt
du	hättest	gehandelt
er	hätte	gehandelt
wir	hätten	gehandelt
ihr	hättet	gehandelt
sie	hätten	gehandelt

Futur II
ich	werde	gehandelt	haben
du	werdest	gehandelt	haben
er	werde	gehandelt	haben
wir	werden	gehandelt	haben
ihr	werdet	gehandelt	haben
sie	werden	gehandelt	haben

Infinitiv

Perfekt
gehandelt haben

Partizip

Partizip I
handelnd

Partizip II
gehandelt

Imperativ

handle
handeln wir
handelt
handeln Sie

▶ Anwendungsbeispiele

Er muss **handeln,** wenn er gewinnen will. *Er muss etwas* ***unternehmen,*** *wenn er gewinnen will.*

In dieser Situation **hat** die Leitung genau richtig **gehandelt.** *In dieser Situation hat die Leitung genau richtig* ***agiert.***

Sie **handelt** mit französischem und italienischem Wein. *Sie* ***vertreibt*** *französischen und italienischen Wein.*

Das Buch **handelt von** Darwins Evolutionstheorie. *Das Buch* ***erörtert*** *Darwins Evolutionstheorie.*

„" Redewendungen

von etw. handeln *etw. zum Thema haben*

mit Zitronen gehandelt haben *mit einem Unternehmen Pech gehabt haben*

◀▶ Ähnliche Verben

agieren

unternehmen

auftreten

sich benehmen

vermarkten

vertreiben

feilschen

beleuchten

erörtern

aushandeln

behandeln

einhandeln

verhandeln

⚡ Aufgepasst!

Das Verb handeln ist ein regelmäßiges Verb. Allerdings wird bei Verben, die auf -eln oder -ern enden, das -e in der 1. Person Singular oft weggelassen: ich handle. Auch in der 1. und 3. Person Plural fehlt das -e: wir handeln, sie handeln.

Dies gilt für das Präsens und den Konjunktiv I.

⚠ Tipps & Tricks

Weitere regelmäßige Verben, die auf -eln oder -ern enden sind: sich erinnern, grübeln, klappern, lächeln, verwandeln, verwechseln, sich wundern, zaubern etc.

✎ Anmerkungen:

29 hängen

Stammvokalwechsel ä ➝ i ➝ a

Indikativ

Präsens
ich	hänge
du	hängst
er	hängt
wir	hängen
ihr	hängt
sie	hängen

Perfekt
ich	habe	gehangen
du	hast	gehangen
er	hat	gehangen
wir	haben	gehangen
ihr	habt	gehangen
sie	haben	gehangen

Futur I
ich	werde	hängen
du	wirst	hängen
er	wird	hängen
wir	werden	hängen
ihr	werdet	hängen
sie	werden	hängen

Präteritum
ich	hing
du	hingst
er	hing
wir	hingen
ihr	hingt
sie	hingen

Plusquamperfekt
ich	hatte	gehangen
du	hattest	gehangen
er	hatte	gehangen
wir	hatten	gehangen
ihr	hattet	gehangen
sie	hatten	gehangen

Futur II
ich	werde	gehangen	haben
du	wirst	gehangen	haben
er	wird	gehangen	haben
wir	werden	gehangen	haben
ihr	werdet	gehangen	haben
sie	werden	gehangen	haben

Konjunktiv

Konjunktiv I
ich	hänge
du	hängest
er	hänge
wir	hängen
ihr	hänget
sie	hängen

Perfekt
ich	habe	gehangen
du	habest	gehangen
er	habe	gehangen
wir	haben	gehangen
ihr	habet	gehangen
sie	haben	gehangen

Futur I
ich	werde	hängen
du	werdest	hängen
er	werde	hängen
wir	werden	hängen
ihr	werdet	hängen
sie	werden	hängen

Konjunktiv II
ich	hinge
du	hingest
er	hinge
wir	hingen
ihr	hinget
sie	hingen

Plusquamperfekt
ich	hätte	gehangen
du	hättest	gehangen
er	hätte	gehangen
wir	hätten	gehangen
ihr	hättet	gehangen
sie	hätten	gehangen

Futur II
ich	werde	gehangen	haben
du	werdest	gehangen	haben
er	werde	gehangen	haben
wir	werden	gehangen	haben
ihr	werdet	gehangen	haben
sie	werden	gehangen	haben

Infinitiv
Perfekt
gehangen haben

Partizip
Partizip I
hängend
Partizip II
gehangen

Imperativ
häng(e)
hängen wir
hängt
hängen Sie

▶ Anwendungsbeispiele

Dieses Bild **hängen** wir ins Wohnzimmer. *Dieses Bild **bringen** wir im Wohnzimmer an.*

Dein Mantel **hing** gestern noch an der Garderobe. *Dein Mantel **war** gestern noch an der Garderobe.*

Wir kommen später, denn wir **hängen** im Stau. *Wir kommen später, denn wir **stecken** im Stau fest.*

Ich **hänge** sehr **an** meinen Geschwistern. *Ich **liebe** meine Geschwister sehr.*

💬 Redewendungen

an die große Glocke hängen *in der Öffentlichkeit erzählen*
sein Fähnchen nach dem Wind hängen *sich der herrschenden Meinung anpassen*
an der Nadel hängen *von Injektionsdrogen abhängig sein*
an den Nagel hängen *nicht mehr weiter ausüben, aufgeben*

⊜ Ähnliche Verben

anbringen   anhängen
befestigen   aufhängen
festmachen   aushängen
baumeln   festhängen
anhaften   verhängen
lieben   zuhängen

⚡ Aufgepasst!

Das Verb hängen kann sowohl regelmäßig als auch unregelmäßig konjugiert werden. Wenn das Verb transitiv verwendet wird, ist es regelmäßig und beschreibt eine Aktion: Sie **hängte** die Weihnachtskugeln an den Tannenbaum.
Wird das Verb hängen intransitiv gebraucht, dann beschreibt es einen Zustand und ist unregelmäßig: Die Weihnachtskugeln **hingen** am Tannenbaum.
Das Verb hängen wird in Süddeutschland im Perfekt und Plusquamperfekt meist mit dem Hilfsverb sein gebildet.

✏ Anmerkungen:

(30) heben

Stammvokalwechsel e → o → o

Indikativ

Präsens	Perfekt	Futur I
ich hebe	ich habe gehoben	ich werde heben
du hebst	du hast gehoben	du wirst heben
er hebt	er hat gehoben	er wird heben
wir heben	wir haben gehoben	wir werden heben
ihr hebt	ihr habt gehoben	ihr werdet heben
sie heben	sie haben gehoben	sie werden heben

Präteritum	Plusquamperfekt	Futur II
ich hob	ich hatte gehoben	ich werde gehoben haben
du hobst	du hattest gehoben	du wirst gehoben haben
er hob	er hatte gehoben	er wird gehoben haben
wir hoben	wir hatten gehoben	wir werden gehoben haben
ihr hobt	ihr hattet gehoben	ihr werdet gehoben haben
sie hoben	sie hatten gehoben	sie werden gehoben haben

Konjunktiv

Konjunktiv I	Perfekt	Futur I
ich hebe	ich habe gehoben	ich werde heben
du hebest	du habest gehoben	du werdest heben
er hebe	er habe gehoben	er werde heben
wir heben	wir haben gehoben	wir werden heben
ihr hebet	ihr habet gehoben	ihr werdet heben
sie heben	sie haben gehoben	sie werden heben

Konjunktiv II	Plusquamperfekt	Futur II
ich höbe	ich hätte gehoben	ich werde gehoben haben
du höbest	du hättest gehoben	du werdest gehoben haben
er höbe	er hätte gehoben	er werde gehoben haben
wir höben	wir hätten gehoben	wir werden gehoben haben
ihr höbet	ihr hättet gehoben	ihr werdet gehoben haben
sie höben	sie hätten gehoben	sie werden gehoben haben

Infinitiv

Perfekt

gehoben haben

Partizip

Partizip I

hebend

Partizip II

gehoben

Imperativ

heb(e)

heben wir

hebt

heben Sie

▶ Anwendungsbeispiele

Zur Abstimmung **heben** Sie bitte die Hand. *Zur Abstimmung halten Sie bitte die Hand hoch.*

Er **hob** den Karton vom Tisch. *Er nahm den Karton vom Tisch.*

Mit seinem Auftritt **hat** er die Stimmung im Saal **gehoben**. *Mit seinem Auftritt hat er die Stimmung im Saal gesteigert.*

Das Wrack konnte nicht **gehoben werden**. *Das Wrack konnte nicht geborgen werden.*

🙶 Redewendungen

einen heben *etw. Alkoholisches trinken*
die Stimme heben *lauter sprechen*
aus den Angeln heben *aus dem Gleichgewicht bringen*
in den Himmel heben *besonders loben*
auf den Thron heben *einer Person eine erstrangige Stellung zusprechen*

◑♪ Ähnliche Verben

hochziehen	abheben
liften	anheben
hochhalten	ausheben
hochnehmen	beheben
ausgraben	erheben
bergen	hochheben
aufwerten	verheben
begünstigen	
steigern	

⚡ Aufgepasst!

Für das Verb heben und seine Kombinationen mit Präfixen gibt es eine veraltete Form im Präteritum (**hub**) und im Konjunktiv II (**hübe**). Diese Formen müssen Sie nicht lernen, aber erkennen können, falls sie in einem Text einmal auftauchen.

✍ Anmerkungen:

31 heißen

Stammvokalwechsel ei ➡ ie ➡ ei

Indikativ

Präsens
ich	heiße
du	heißt
er	heißt
wir	heißen
ihr	heißt
sie	heißen

Perfekt
ich	habe	geheißen
du	hast	geheißen
er	hat	geheißen
wir	haben	geheißen
ihr	habt	geheißen
sie	haben	geheißen

Futur I
ich	werde	heißen
du	wirst	heißen
er	wird	heißen
wir	werden	heißen
ihr	werdet	heißen
sie	werden	heißen

Präteritum
ich	hieß
du	hießest
er	hieß
wir	hießen
ihr	hieß(e)t
sie	hießen

Plusquamperfekt
ich	hatte	geheißen
du	hattest	geheißen
er	hatte	geheißen
wir	hatten	geheißen
ihr	hattet	geheißen
sie	hatten	geheißen

Futur II
ich	werde	geheißen	haben
du	wirst	geheißen	haben
er	wird	geheißen	haben
wir	werden	geheißen	haben
ihr	werdet	geheißen	haben
sie	werden	geheißen	haben

Konjunktiv

Konjunktiv I
ich	heiße
du	heißest
er	heiße
wir	heißen
ihr	heißet
sie	heißen

Perfekt
ich	habe	geheißen
du	habest	geheißen
er	habe	geheißen
wir	haben	geheißen
ihr	habet	geheißen
sie	haben	geheißen

Futur I
ich	werde	heißen
du	werdest	heißen
er	werde	heißen
wir	werden	heißen
ihr	werdet	heißen
sie	werden	heißen

Konjunktiv II
ich	hieße
du	hießest
er	hieße
wir	hießen
ihr	hießet
sie	hießen

Plusquamperfekt
ich	hätte	geheißen
du	hättest	geheißen
er	hätte	geheißen
wir	hätten	geheißen
ihr	hättet	geheißen
sie	hätten	geheißen

Futur II
ich	werde	geheißen	haben
du	werdest	geheißen	haben
er	werde	geheißen	haben
wir	werden	geheißen	haben
ihr	werdet	geheißen	haben
sie	werden	geheißen	haben

Infinitiv

Perfekt
geheißen haben

Partizip

Partizip I
heißend

Partizip II
geheißen

Imperativ
heiß(e)
heißen wir
heißt
heißen Sie

▶ Anwendungsbeispiele

Das Gericht **heißt** Labskaus. *Das Gericht hat den Namen Labskaus.*

„Freund" **heißt** im Japanischen „Tomodachi". *„Freund" bedeutet im Japanischen „Tomodachi".*

Man **hat** ihn **geheißen**, sofort den Raum zu verlassen. *Man hat ihm befohlen, sofort den Raum zu verlassen.*

In der Zeitung **heißt** es, sie sei unverletzt. *In der Zeitung wird behauptet, sie sei unverletzt.*

Gute Noten allein **heißen** gar nichts! *Gute Noten allein besagen gar nichts!*

„ Redewendungen

jmdn. willkommen heißen *jmdn. begrüßen*

◑ Ähnliche Verben

(sich) nennen   gutheißen

ausgeben   verheißen

bezeichnen

titulieren

bedeuten

besagen

lauten

auferlegen

beauftragen

befehlen

⚡ Aufgepasst!

Bei Verben, die wie heißen auf -ßen enden oder auf -ssen, -sen, -xen oder -zen, fällt bei der 2. Person Singular Präsens Indikativ das -s der Personalendung weg: du heiß + st → du heißt.

Achten Sie auch auf das eingeschobene -e in der 2. Person Singular Präteritum.

✎ Anmerkungen:

(32) helfen

Stammvokalwechsel e ➡ a ➡ o

Indikativ

Präsens
ich	helfe
du	hilfst
er	hilft
wir	helfen
ihr	helft
sie	helfen

Perfekt
ich	habe	geholfen
du	hast	geholfen
er	hat	geholfen
wir	haben	geholfen
ihr	habt	geholfen
sie	haben	geholfen

Futur I
ich	werde	helfen
du	wirst	helfen
er	wird	helfen
wir	werden	helfen
ihr	werdet	helfen
sie	werden	helfen

Präteritum
ich	half
du	halfst
er	half
wir	halfen
ihr	halft
sie	halfen

Plusquamperfekt
ich	hatte	geholfen
du	hattest	geholfen
er	hatte	geholfen
wir	hatten	geholfen
ihr	hattet	geholfen
sie	hatten	geholfen

Futur II
ich	werde	geholfen	haben
du	wirst	geholfen	haben
er	wird	geholfen	haben
wir	werden	geholfen	haben
ihr	werdet	geholfen	haben
sie	werden	geholfen	haben

Konjunktiv

Konjunktiv I
ich	helfe
du	helfest
er	helfe
wir	helfen
ihr	helfet
sie	helfen

Perfekt
ich	habe	geholfen
du	habest	geholfen
er	habe	geholfen
wir	haben	geholfen
ihr	habet	geholfen
sie	haben	geholfen

Futur I
ich	werde	helfen
du	werdest	helfen
er	werde	helfen
wir	werden	helfen
ihr	werdet	helfen
sie	werden	helfen

Konjunktiv II
ich	hülfe/hälfe
du	hülfest/hälfest
er	hülfe/hälfe
wir	hülfen/hälfen
ihr	hülfet/hälfet
sie	hülfen/hälfen

Plusquamperfekt
ich	hätte	geholfen
du	hättest	geholfen
er	hätte	geholfen
wir	hätten	geholfen
ihr	hättet	geholfen
sie	hätten	geholfen

Futur II
ich	werde	geholfen	haben
du	werdest	geholfen	haben
er	werde	geholfen	haben
wir	werden	geholfen	haben
ihr	werdet	geholfen	haben
sie	werden	geholfen	haben

Infinitiv

Perfekt
geholfen haben

Partizip

Partizip I
helfend

Partizip II
geholfen

Imperativ
hilf
helfen wir
helft
helfen Sie

▶ Anwendungsbeispiele

Seine Freunde **halfen** ihm beim Umzug. *Seine Freunde **packten** bei seinem Umzug mit **an**.*
Bei Erkältungen **hilft** ein Eukalyptusbad. *Bei Erkältungen **tut** ein Eukalyptusbad gut.*
Klagen **hat** noch nie **geholfen**. *Klagen hat noch nie **genutzt**.*

„ Redewendungen

auf die Beine helfen *einer Person helfen, wieder aufzustehen, einen Tiefpunkt zu überwinden*
auf die Sprünge helfen *jmdn. durch Tipps, Hinweise unterstützen*
aus der Patsche helfen *eine Person aus einer schwierigen Situation befreien*
sich nicht zu raten noch zu helfen wissen *verzweifelt sein und keinen Ausweg kennen*

Ähnliche Verben

anpacken	aufhelfen
assistieren	aushelfen
beistehen	behelfen
unterstützen	heraushelfen
guttun	hochhelfen
nutzen	mithelfen

⚡ Aufgepasst!

Beim Verb helfen kommt es im Präsens Indikativ zu einem Stammvokalwechsel von -e zu -i bei der 2. und 3. Person Singular (▷ Grammatik rund ums Verb, **1.1.1**).
Der Konjunktiv II leitet sich vom Präteritum des Verbs ab. Beim Verb helfen wird die vom Präteritum abgeleitete Form hälfe allerdings seltener gebraucht. Meist wird hülfe verwendet oder insbesondere in der gesprochenen Sprache die würde-Form: Ich **würde** ihm aufräumen **helfen** (▷ Grammatik rund ums Verb, **3.1**).

✎ Anmerkungen:

(33) **kommen**

Stammvokalwechsel o → a → o

Indikativ

Präsens	Perfekt	Futur I
ich komme	ich bin gekommen	ich werde kommen
du kommst	du bist gekommen	du wirst kommen
er kommt	er ist gekommen	er wird kommen
wir kommen	wir sind gekommen	wir werden kommen
ihr kommt	ihr seid gekommen	ihr werdet kommen
sie kommen	sie sind gekommen	sie werden kommen

Präteritum	Plusquamperfekt	Futur II
ich kam	ich war gekommen	ich werde gekommen sein
du kamst	du warst gekommen	du wirst gekommen sein
er kam	er war gekommen	er wird gekommen sein
wir kamen	wir waren gekommen	wir werden gekommen sein
ihr kamt	ihr wart gekommen	ihr werdet gekommen sein
sie kamen	sie waren gekommen	sie werden gekommen sein

Konjunktiv

Konjunktiv I	Perfekt	Futur I
ich komme	ich sei gekommen	ich werde kommen
du kommest	du sei(e)st gekommen	du werdest kommen
er komme	er sei gekommen	er werde kommen
wir kommen	wir seien gekommen	wir werden kommen
ihr kommet	ihr sei(e)t gekommen	ihr werdet kommen
sie kommen	sie seien gekommen	sie werden kommen

Konjunktiv II	Plusquamperfekt	Futur II
ich käme	ich wäre gekommen	ich werde gekommen sein
du käm(e)st	du wär(e)st gekommen	du werdest gekommen sein
er käme	er wäre gekommen	er werde gekommen sein
wir kämen	wir wären gekommen	wir werden gekommen sein
ihr käm(e)t	ihr wär(e)t gekommen	ihr werdet gekommen sein
sie kämen	sie wären gekommen	sie werden gekommen sein

Infinitiv
Perfekt
gekommen sein

Partizip
Partizip I
kommend
Partizip II
gekommen

Imperativ
komm(e)
kommen wir
kommt
kommen Sie

▶ Anwendungsbeispiele

Können Sie bitte in mein Büro **kommen**? *Können Sie sich bitte in meinem Büro einfinden?*

Die Post **kam** gestern erst am Nachmittag. *Die Post traf gestern erst am Nachmittag ein.*

Bei Sonnenaufgang **kamen** die Kondore. *Bei Sonnenaufgang tauchten die Kondore auf.*

Durch eine Erbschaft **ist** er zu dieser Villa **gekommen**. *Durch eine Erbschaft hat er diese Villa gekriegt.*

❞ Redewendungen

wieder zu sich kommen *das Bewusstsein wiedererlangen*
jmdm. frech kommen *unverschämt werden*
zur Sprache kommen *etw. wird angesprochen*
zu Kräften kommen *wieder gesund werden*
an die Reihe kommen *der/das Nächste sein*

◑ Ähnliche Verben

sich einfinden	aufkommen
eintreffen	auskommen
antanzen (umgs.)	bekommen
erscheinen	beikommen
teilnehmen	durchkommen
aufsuchen	entkommen
besuchen	mitkommen
auftauchen	überkommen

⚡ Aufgepasst!

Das Verb kommen wird im Präteritum und Konjunktiv II nur mit einem -m geschrieben, da der Stammvokal -a lang ausgesprochen wird. Nach einem langen Vokal steht normalerweise kein Doppelkonsonant.

❗ Tipps & Tricks

Denken Sie sich zu den vielen verschiedenen Bedeutungen und Redewendungen Situationen mit besonders lebendigen Bildern aus. Je lebendiger die visuellen Vorstellungen, desto größer ist der Lerneffekt!

✎ Anmerkungen:

(34) können

Indikativ

Präsens
ich	kann
du	kannst
er	kann
wir	können
ihr	könnt
sie	können

Perfekt
ich	habe	gekonnt
du	hast	gekonnt
er	hat	gekonnt
wir	haben	gekonnt
ihr	habt	gekonnt
sie	haben	gekonnt

Futur I
ich	werde	können
du	wirst	können
er	wird	können
wir	werden	können
ihr	werdet	können
sie	werden	können

Präteritum
ich	konnte
du	konntest
er	konnte
wir	konnten
ihr	konntet
sie	konnten

Plusquamperfekt
ich	hatte	gekonnt
du	hattest	gekonnt
er	hatte	gekonnt
wir	hatten	gekonnt
ihr	hattet	gekonnt
sie	hatten	gekonnt

Futur II
ich	werde	gekonnt	haben
du	wirst	gekonnt	haben
er	wird	gekonnt	haben
wir	werden	gekonnt	haben
ihr	werdet	gekonnt	haben
sie	werden	gekonnt	haben

Konjunktiv

Konjunktiv I
ich	könne
du	könnest
er	könne
wir	können
ihr	könnet
sie	können

Perfekt
ich	habe	gekonnt
du	habest	gekonnt
er	habe	gekonnt
wir	haben	gekonnt
ihr	habet	gekonnt
sie	haben	gekonnt

Futur I
ich	werde	können
du	werdest	können
er	werde	können
wir	werden	können
ihr	werdet	können
sie	werden	können

Konjunktiv II
ich	könnte
du	könntest
er	könnte
wir	könnten
ihr	könntet
sie	könnten

Plusquamperfekt
ich	hätte	gekonnt
du	hättest	gekonnt
er	hätte	gekonnt
wir	hätten	gekonnt
ihr	hättet	gekonnt
sie	hätten	gekonnt

Futur II
ich	werde	gekonnt	haben
du	werdest	gekonnt	haben
er	werde	gekonnt	haben
wir	werden	gekonnt	haben
ihr	werdet	gekonnt	haben
sie	werden	gekonnt	haben

Infinitiv

Perfekt
gekonnt haben

Partizip

Partizip I
könnend

Partizip II
gekonnt

Imperativ
–
–
–
–

▶ Anwendungsbeispiele

Er **konnte** schon mit vier Jahren lesen und schreiben. *Er **vermochte** schon mit vier Jahren zu lesen und zu schreiben.*

Ich **kann** heute nicht kommen, weil ich krank bin. *Ich bin nicht imstande zu kommen, weil ich krank bin.*

Können wir dein neues Auto mal fahren? *Dürfen wir dein neues Auto mal fahren?*

Er hat alles aufgegessen, jetzt **kann** ich wieder einkaufen gehen! *Er hat alles aufgegessen, jetzt muss ich wieder einkaufen gehen.*

Das **hätte** auch dir passieren **können**! *Das wäre auch bei dir möglich gewesen!*

„ Sprichwörter

Kannst du was, dann bist du was. *Wer Talent hat, erfährt Anerkennung und Respekt.*

Glaube kann Berge versetzen. *Wer an etwas glaubt, kann viel erreichen.*

Was du heute kannst besorgen, das verschiebe nicht auf morgen. *Man soll Dinge, die man erledigen muss, nicht vor sich herschieben.*

◀▶ Ähnliche Verben

vermögen
beherrschen
verstehen
draufhaben (umgs.)
dürfen
müssen

⚡ Gebrauch

Das Verb können gehört wie dürfen (▷ Verb, 18) zu den Modalverben (▷ Grammatik rund ums Verb, 1.3). In einigen wenigen Fällen wird es aber wie ein Vollverb verwendet. Dann steht im Perfekt und Plusquamperfekt das Partizip II gekonnt am Ende des Satzes: Ich **habe** das **gekonnt**. Ansonsten steht der Infinitiv: Er **hat** die Lieder nicht mehr hören **können**.

✎ Anmerkungen:

(35) laden

Stammvokalwechsel a ➝ u ➝ a

Indikativ

Präsens
ich	lade
du	lädst
er	lädt
wir	laden
ihr	ladet
sie	laden

Perfekt
ich	habe	geladen
du	hast	geladen
er	hat	geladen
wir	haben	geladen
ihr	habt	geladen
sie	haben	geladen

Futur I
ich	werde	laden
du	wirst	laden
er	wird	laden
wir	werden	laden
ihr	werdet	laden
sie	werden	laden

Präteritum
ich	lud
du	lud(e)st
er	lud
wir	luden
ihr	ludet
sie	luden

Plusquamperfekt
ich	hatte	geladen
du	hattest	geladen
er	hatte	geladen
wir	hatten	geladen
ihr	hattet	geladen
sie	hatten	geladen

Futur II
ich	werde	geladen	haben
du	wirst	geladen	haben
er	wird	geladen	haben
wir	werden	geladen	haben
ihr	werdet	geladen	haben
sie	werden	geladen	haben

Konjunktiv

Konjunktiv I
ich	lade
du	ladest
er	lade
wir	laden
ihr	ladet
sie	laden

Perfekt
ich	habe	geladen
du	habest	geladen
er	habe	geladen
wir	haben	geladen
ihr	habet	geladen
sie	haben	geladen

Futur I
ich	werde	laden
du	werdest	laden
er	werde	laden
wir	werden	laden
ihr	werdet	laden
sie	werden	laden

Konjunktiv II
ich	lüde
du	lüdest
er	lüde
wir	lüden
ihr	lüdet
sie	lüden

Plusquamperfekt
ich	hätte	geladen
du	hättest	geladen
er	hätte	geladen
wir	hätten	geladen
ihr	hättet	geladen
sie	hätten	geladen

Futur II
ich	werde	geladen	haben
du	werdest	geladen	haben
er	werde	geladen	haben
wir	werden	geladen	haben
ihr	werdet	geladen	haben
sie	werden	geladen	haben

Infinitiv

Perfekt
geladen haben

Partizip

Partizip I
ladend

Partizip II
geladen

Imperativ
lad(e)
laden wir
ladet
laden Sie

▶ Anwendungsbeispiele

Wie viele Container kann dieses Schiff **laden**? *Wie viele Container kann dieses Schiff fassen?*

Das Obst **wurde** aus dem Transporter **geladen**. *Das Obst wurde aus dem Transporter geholt.*

Der Landwirt **lädt** den Zaun mit 14,4 Volt. *Der Landwirt elektrisiert den Zaun mit 14,4 Volt.*

Am folgenden Tag **wird** der Zeuge **geladen**. *Am folgenden Tag wird der Zeuge gerufen.*

🗨 Redewendungen

sich etw. auf den Hals laden *Arbeit und Verantwortung auf sich nehmen*
sich den Teufel auf den Hals laden *sich großen Ärger einhandeln*
Schuld auf sich laden *schuldig werden*
Verantwortung auf sich laden *für etw. verantwortlich werden*

⊜ Ähnliche Verben

unterbringen	abladen
verstauen	aufladen
aufnehmen	ausladen
fassen	beladen
befrachten	einladen
bepacken	entladen
elektrisieren	verladen
kommen lassen	(he)runterladen
rufen	hochladen

⚡ Aufgepasst!

Bei dem Verb laden wird im Präsens und Präteritum Indikativ in der 2. Person Plural ein -e eingeschoben, jedoch nicht im Präsens in der 2. und 3. Person Singular: du lä**dst**, er lä**dt** (gesprochen wird nur -t).

✎ Anmerkungen:

36 lassen

Stammvokalwechsel a → ie → a

Indikativ

Präsens
ich	lasse
du	lässt
er	lässt
wir	lassen
ihr	lasst
sie	lassen

Perfekt
ich	habe	gelassen
du	hast	gelassen
er	hat	gelassen
wir	haben	gelassen
ihr	habt	gelassen
sie	haben	gelassen

Futur I
ich	werde	lassen
du	wirst	lassen
er	wird	lassen
wir	werden	lassen
ihr	werdet	lassen
sie	werden	lassen

Präteritum
ich	ließ
du	ließest
er	ließ
wir	ließen
ihr	ließ(e)t
sie	ließen

Plusquamperfekt
ich	hatte	gelassen
du	hattest	gelassen
er	hatte	gelassen
wir	hatten	gelassen
ihr	hattet	gelassen
sie	hatten	gelassen

Futur II
ich	werde	gelassen	haben
du	wirst	gelassen	haben
er	wird	gelassen	haben
wir	werden	gelassen	haben
ihr	werdet	gelassen	haben
sie	werden	gelassen	haben

Konjunktiv

Konjunktiv I
ich	lasse
du	lassest
er	lasse
wir	lassen
ihr	lasset
sie	lassen

Perfekt
ich	habe	gelassen
du	habest	gelassen
er	habe	gelassen
wir	haben	gelassen
ihr	habet	gelassen
sie	haben	gelassen

Futur I
ich	werde	lassen
du	werdest	lassen
er	werde	lassen
wir	werden	lassen
ihr	werdet	lassen
sie	werden	lassen

Konjunktiv II
ich	ließe
du	ließest
er	ließe
wir	ließen
ihr	ließet
sie	ließen

Plusquamperfekt
ich	hätte	gelassen
du	hättest	gelassen
er	hätte	gelassen
wir	hätten	gelassen
ihr	hättet	gelassen
sie	hätten	gelassen

Futur II
ich	werde	gelassen	haben
du	werdest	gelassen	haben
er	werde	gelassen	haben
wir	werden	gelassen	haben
ihr	werdet	gelassen	haben
sie	werden	gelassen	haben

Infinitiv

Perfekt
gelassen haben

Partizip

Partizip I
lassend

Partizip II
gelassen

Imperativ
lass(e)
lassen wir
lasst
lassen Sie

▶ Anwendungsbeispiele

Er **lässt** seinen Hund auf dem Sofa liegen. *Er* **erlaubt** *seinem Hund, auf dem Sofa zu liegen.*

Die Zuschauer **werden** erst kurz vor der Vorstellung in den Saal **gelassen**. *Den Zuschauern* **wird** *erst kurz vor der Vorstellung* **gestattet***, den Saal zu betreten.*

Nach drei Niederlagen **ließ** er das Schachspielen. *Nach drei Niederlagen* **hörte** *er mit dem Schachspielen* **auf***.*

Ich **habe** mir die Koffer aufs Zimmer bringen **lassen**. *Ich* **habe** *die Koffer* **nicht selbst** *aufs Zimmer gebracht.*

Mit einem Kellnermesser **lassen** sich Weinflaschen leicht öffnen. *Mit einem Kellnermesser* **können** *Weinflaschen leicht* **geöffnet werden***.*

,, Redewendungen

jmdm. etw. lassen müssen *jmdm. etw. zugestehen müssen*
es nicht lassen können *nicht aufhören, etw. Falsches zu tun*
etw. sein lassen *etw. nicht länger tun*
außer Acht lassen *nicht berücksichtigen*

⊜ Ähnliche Verben

anordnen	ablassen
beauftragen	auslassen
bewirken	belassen
akzeptieren	einlassen
erlauben	entlassen
aufhören	ver(an)lassen
vergessen	zulassen
abgeben	zurücklassen

⚡ Aufgepasst!

Da sich der Stammvokal im Präteritum, Konjunktiv II von einem kurzem Vokal (**l**a**ssen**) zu einem langen Vokal (**l**ie**ß**, **l**ie**ße**) ändert, schreibt man -ß.

✎ Anmerkungen:

(37) laufen

Stammvokalwechsel au ➡ ie ➡ au

Indikativ

Präsens
ich	laufe
du	läufst
er	läuft
wir	laufen
ihr	lauft
sie	laufen

Perfekt
ich	bin	gelaufen
du	bist	gelaufen
er	ist	gelaufen
wir	sind	gelaufen
ihr	seid	gelaufen
sie	sind	gelaufen

Futur I
ich	werde	laufen
du	wirst	laufen
er	wird	laufen
wir	werden	laufen
ihr	werdet	laufen
sie	werden	laufen

Präteritum
ich	lief
du	liefst
er	lief
wir	liefen
ihr	lieft
sie	liefen

Plusquamperfekt
ich	war	gelaufen
du	warst	gelaufen
er	war	gelaufen
wir	waren	gelaufen
ihr	wart	gelaufen
sie	waren	gelaufen

Futur II
ich	werde	gelaufen	sein
du	wirst	gelaufen	sein
er	wird	gelaufen	sein
wir	werden	gelaufen	sein
ihr	werdet	gelaufen	sein
sie	werden	gelaufen	sein

Konjunktiv

Konjunktiv I
ich	laufe
du	laufest
er	laufe
wir	laufen
ihr	laufet
sie	laufen

Perfekt
ich	sei	gelaufen
du	sei(e)st	gelaufen
er	sei	gelaufen
wir	seien	gelaufen
ihr	sei(e)t	gelaufen
sie	seien	gelaufen

Futur I
ich	werde	laufen
du	werdest	laufen
er	werde	laufen
wir	werden	laufen
ihr	werdet	laufen
sie	werden	laufen

Konjunktiv II
ich	liefe
du	liefest
er	liefe
wir	liefen
ihr	liefet
sie	liefen

Plusquamperfekt
ich	wäre	gelaufen
du	wär(e)st	gelaufen
er	wäre	gelaufen
wir	wären	gelaufen
ihr	wär(e)t	gelaufen
sie	wären	gelaufen

Futur II
ich	werde	gelaufen	sein
du	werdest	gelaufen	sein
er	werde	gelaufen	sein
wir	werden	gelaufen	sein
ihr	werdet	gelaufen	sein
sie	werden	gelaufen	sein

Infinitiv
Perfekt
gelaufen sein/haben

Partizip
Partizip I
laufend
Partizip II
gelaufen

Imperativ
lauf(e)
laufen wir
lauft
laufen Sie

▶ Anwendungsbeispiele

In diesen Schuhen kann ich nicht schnell **laufen**. *In diesen Schuhen kann ich nicht schnell rennen.*

Wollen wir **laufen** oder nehmen wir das Auto? *Wollen wir zu Fuß gehen oder nehmen wir das Auto?*

Läuft dein DVD-Player wieder? *Funktioniert dein DVD-Player wieder?*

Das Vorstellungsgespräch **ist** gut **gelaufen**. *Das Vorstellungsgespräch ist gut vonstattengegangen.*

Ihr Abo **lief** noch bis letzte Woche. *Ihr Abo galt noch bis letzte Woche.*

Ich möchte mal wissen, was da **läuft**. *Ich möchte mal wissen, was da geschieht.*

„ Redewendungen

wie geschmiert laufen *sehr gut funktionieren*
jmdn. laufen lassen *jmdn. wieder freilassen*
jmdm. in die Arme laufen *jmdm. zufällig begegnen*

⊜ Ähnliche Verben

eilen	anlaufen
rennen	ablaufen
(spazieren) gehen	belaufen
funktionieren	entlaufen
sich erstrecken	fortlaufen
geschehen	verlaufen
gelten	zurücklaufen

⚡ Gebrauch

Wenn man beschreiben will, in welchen Zustand etwas oder eine Person während des Laufens gerät, wird im Perfekt und Plusquamperfekt das Hilfsverb haben verwendet:

Sie **hat** sich die Füße wund **gelaufen**.
Vor dem Wettkampf **hat** er sich warm **gelaufen**.

✎ Anmerkungen:

(38) leiden

Stammvokalwechsel ei → i → i

Indikativ

Präsens

ich	leide
du	leidest
er	leidet
wir	leiden
ihr	leidet
sie	leiden

Perfekt

ich	habe	gelitten
du	hast	gelitten
er	hat	gelitten
wir	haben	gelitten
ihr	habt	gelitten
sie	haben	gelitten

Futur I

ich	werde	leiden
du	wirst	leiden
er	wird	leiden
wir	werden	leiden
ihr	werdet	leiden
sie	werden	leiden

Präteritum

ich	litt
du	litt(e)st
er	litt
wir	litten
ihr	littet
sie	litten

Plusquamperfekt

ich	hatte	gelitten
du	hattest	gelitten
er	hatte	gelitten
wir	hatten	gelitten
ihr	hattet	gelitten
sie	hatten	gelitten

Futur II

ich	werde	gelitten	haben
du	wirst	gelitten	haben
er	wird	gelitten	haben
wir	werden	gelitten	haben
ihr	werdet	gelitten	haben
sie	werden	gelitten	haben

Konjunktiv

Konjunktiv I

ich	leide
du	leidest
er	leide
wir	leiden
ihr	leidet
sie	leiden

Perfekt

ich	habe	gelitten
du	habest	gelitten
er	habe	gelitten
wir	haben	gelitten
ihr	habet	gelitten
sie	haben	gelitten

Futur I

ich	werde	leiden
du	werdest	leiden
er	werde	leiden
wir	werden	leiden
ihr	werdet	leiden
sie	werden	leiden

Konjunktiv II

ich	litte
du	littest
er	litte
wir	litten
ihr	littet
sie	litten

Plusquamperfekt

ich	hätte	gelitten
du	hättest	gelitten
er	hätte	gelitten
wir	hätten	gelitten
ihr	hättet	gelitten
sie	hätten	gelitten

Futur II

ich	werde	gelitten	haben
du	werdest	gelitten	haben
er	werde	gelitten	haben
wir	werden	gelitten	haben
ihr	werdet	gelitten	haben
sie	werden	gelitten	haben

Infinitiv

Perfekt

gelitten haben

Partizip

Partizip I

leidend

Partizip II

gelitten

Imperativ

leide

leiden wir

leidet

leiden Sie

▶ Anwendungsbeispiele

Nachdem sie ihn verlassen hatte, **litt** er sehr. *Nachdem sie ihn verlassen hatte, machte er eine schwere Zeit durch.*

Die Pflanzen **haben** sehr stark unter der Trockenheit **gelitten.** *Die Pflanzen haben durch die Trockenheit Schaden genommen.*

Besonders Frauen **leiden an** Migräne. *Besonders Frauen plagen sich mit Migräne herum.*

Ich kann den Geruch von Lavendel nicht **leiden.** *Ich kann den Geruch von Lavendel nicht ertragen.*

„ Redewendungen

(gut) leiden können *gern mögen*
leiden wie ein Hund *sehr stark leiden*
Hunger leiden *über längere Zeit sehr hungrig sein*
Aufschub leiden *Aufschub dulden*

◀▶ Ähnliche Verben

sich quälen   erleiden
durchmachen   bemitleiden
sich herumplagen
kranken an
darniederliegen
erdulden
ertragen

⚡ Aufgepasst!

Im Präteritum, Konjunktiv II und Partizip II schreibt man -tt, da es im Deutschen nach einem kurzen Stammvokal fast immer zu einer Konsonantendopplung kommt. Da der Verbstamm auf -d endet, wird im Indikativ in der 2. und 3. Person Singular und in der 2. Person Plural im Präsens und Präteritum ein -e eingefügt (▶ Grammatik rund ums Verb, **1.1.1**).

✎ Anmerkungen:

(39) leihen

Stammvokalwechsel ei ➡ ie ➡ ie

Indikativ

Präsens	Perfekt	Futur I
ich leihe	ich habe geliehen	ich werde leihen
du leihst	du hast geliehen	du wirst leihen
er leiht	er hat geliehen	er wird leihen
wir leihen	wir haben geliehen	wir werden leihen
ihr leiht	ihr habt geliehen	ihr werdet leihen
sie leihen	sie haben geliehen	sie werden leihen

Präteritum	Plusquamperfekt	Futur II
ich lieh	ich hatte geliehen	ich werde geliehen haben
du liehst	du hattest geliehen	du wirst geliehen haben
er lieh	er hatte geliehen	er wird geliehen haben
wir liehen	wir hatten geliehen	wir werden geliehen haben
ihr lieht	ihr hattet geliehen	ihr werdet geliehen haben
sie liehen	sie hatten geliehen	sie werden geliehen haben

Konjunktiv

Konjunktiv I	Perfekt	Futur I
ich leihe	ich habe geliehen	ich werde leihen
du leihest	du habest geliehen	du werdest leihen
er leihe	er habe geliehen	er werde leihen
wir leihen	wir haben geliehen	wir werden leihen
ihr leihet	ihr habet geliehen	ihr werdet leihen
sie leihen	sie haben geliehen	sie werden leihen

Konjunktiv II	Plusquamperfekt	Futur II
ich liehe	ich hätte geliehen	ich werde geliehen haben
du liehest	du hättest geliehen	du werdest geliehen haben
er liehe	er hätte geliehen	er werde geliehen haben
wir liehen	wir hätten geliehen	wir werden geliehen haben
ihr liehet	ihr hättet geliehen	ihr werdet geliehen haben
sie liehen	sie hätten geliehen	sie werden geliehen haben

Infinitiv

Perfekt

geliehen haben

Partizip

Partizip I

leihend

Partizip II

geliehen

Imperativ

leih(e)

leihen wir

leiht

leihen Sie

▶ Anwendungsbeispiele

Mein Fahrrad ist kaputt. **Leihst** du mir deins? *Mein Fahrrad ist kaputt. **Gibst** du mir deins?*

Die Bank **lieh** ihnen 20.000 Euro. *Die Bank **gewährte** ihnen 20.000 Euro Kredit.*

Für den Campingurlaub **hat** sie **sich** ein gutes Zelt **geliehen**. *Für den Campingurlaub **hat** sie **sich** ein gutes Zelt **geborgt**.*

„ Redewendungen

jmdm. sein Ohr leihen *jmdm. zuhören*
jmdm. Beistand leihen *jmdm. Beistand gewähren*

◖ ◗ Ähnliche Verben

aushelfen
auslegen
borgen
(heraus)geben
überlassen
pumpen (umgs.)
anbieten
bereitstellen
gewähren
offerieren

ausleihen
entleihen
verleihen

⚡ Gebrauch

Im Deutschen wird das Verb leihen unabhängig davon gebraucht, ob man für das Leihen eine Gebühr bezahlt oder ob man etwas z. B. von einem Freund oder Bekannten borgt, der dafür kein Geld verlangt. In diesen Fällen ist das Verb leihen allerdings reflexiv:

Kann ich **mir** das Buch von dir **leihen**?

Nicht reflexiv ist das Verb in der Bedeutung *jmdm. mit etw. aushelfen:*

Er **lieh** ihr seine warme Jacke.

‼ Tipps & Tricks

Weitere Verben, die wie leihen konjugiert werden, sind: gedeihen und verzeihen sowie die Verben ausleihen, entleihen und verleihen.

✎ Anmerkungen:

40 lesen

Stammvokalwechsel e → a → e

Indikativ

Präsens

ich	lese
du	liest
er	liest
wir	lesen
ihr	lest
sie	lesen

Perfekt

ich	habe	gelesen
du	hast	gelesen
er	hat	gelesen
wir	haben	gelesen
ihr	habt	gelesen
sie	haben	gelesen

Futur I

ich	werde	lesen
du	wirst	lesen
er	wird	lesen
wir	werden	lesen
ihr	werdet	lesen
sie	werden	lesen

Präteritum

ich	las
du	lasest
er	las
wir	lasen
ihr	las(e)t
sie	lasen

Plusquamperfekt

ich	hatte	gelesen
du	hattest	gelesen
er	hatte	gelesen
wir	hatten	gelesen
ihr	hattet	gelesen
sie	hatten	gelesen

Futur II

ich	werde	gelesen	haben
du	wirst	gelesen	haben
er	wird	gelesen	haben
wir	werden	gelesen	haben
ihr	werdet	gelesen	haben
sie	werden	gelesen	haben

Konjunktiv

Konjunktiv I

ich	lese
du	lesest
er	lese
wir	lesen
ihr	leset
sie	lesen

Perfekt

ich	habe	gelesen
du	habest	gelesen
er	habe	gelesen
wir	haben	gelesen
ihr	habet	gelesen
sie	haben	gelesen

Futur I

ich	werde	lesen
du	werdest	lesen
er	werde	lesen
wir	werden	lesen
ihr	werdet	lesen
sie	werden	lesen

Konjunktiv II

ich	läse
du	läsest
er	läse
wir	läsen
ihr	läset
sie	läsen

Plusquamperfekt

ich	hätte	gelesen
du	hättest	gelesen
er	hätte	gelesen
wir	hätten	gelesen
ihr	hättet	gelesen
sie	hätten	gelesen

Futur II

ich	werde	gelesen	haben
du	werdest	gelesen	haben
er	werde	gelesen	haben
wir	werden	gelesen	haben
ihr	werdet	gelesen	haben
sie	werden	gelesen	haben

Infinitiv

Perfekt

gelesen haben

Partizip

Partizip I

lesend

Partizip II

gelesen

Imperativ

lies

lesen wir

lest

lesen Sie

▶ Anwendungsbeispiele

Sie **liest** in der U-Bahn immer eine Zeitschrift. *Sie schmökert in der U-Bahn immer in einer Zeitschrift.*

Die Schüler **lesen** den Text mit verteilten Rollen. *Die Schüler tragen den Text mit verteilten Rollen vor.*

Letztes Semester **las** er als Gastprofessor an der Harvard Universität. *Letztes Semester lehrte er als Gastprofessor an der Harvard Universität.*

Zu dieser Jahreszeit **wird** der Wein **gelesen**. *Zu dieser Jahreszeit wird der Wein geerntet.*

„" Redewendungen

Gedanken lesen können *wissen, was eine andere Person denkt*

jmdm. die Leviten lesen *jmdn. zurechtweisen, der sich falsch verhalten hat*

jmdm. aus der Hand lesen *jmdm. die Zukunft durch Betrachten der Handlinien vorhersagen*

zwischen den Zeilen lesen *auch verstehen, was nicht explizit geschrieben oder gesagt wurde*

◑ Ähnliche Verben

durcharbeiten	ablesen
entziffern	auflesen
schmökern	durchlesen
vortragen	mitlesen
lehren	verlesen
aufsammeln	vorlesen
ernten	

⚡ Aufgepasst!

Im Indikativ entfällt in der 2. Person Singular Präsens das -s der Personalendung. Somit sind die Formen der 2. und 3. Person identisch: du liest, er liest. Achten Sie auch auf das eingeschobene -e in der 2. Person Singular Präteritum.

≡✎ Anmerkungen:

(41) liegen

Stammvokalwechsel ie → a → e

Indikativ

Präsens

ich	liege
du	liegst
er	liegt
wir	liegen
ihr	liegt
sie	liegen

Perfekt

ich	habe	gelegen
du	hast	gelegen
er	hat	gelegen
wir	haben	gelegen
ihr	habt	gelegen
sie	haben	gelegen

Futur I

ich	werde	liegen
du	wirst	liegen
er	wird	liegen
wir	werden	liegen
ihr	werdet	liegen
sie	werden	liegen

Präteritum

ich	lag
du	lagst
er	lag
wir	lagen
ihr	lagt
sie	lagen

Plusquamperfekt

ich	hatte	gelegen
du	hattest	gelegen
er	hatte	gelegen
wir	hatten	gelegen
ihr	hattet	gelegen
sie	hatten	gelegen

Futur II

ich	werde	gelegen	haben
du	wirst	gelegen	haben
er	wird	gelegen	haben
wir	werden	gelegen	haben
ihr	werdet	gelegen	haben
sie	werden	gelegen	haben

Konjunktiv

Konjunktiv I

ich	liege
du	liegest
er	liege
wir	liegen
ihr	lieget
sie	liegen

Perfekt

ich	habe	gelegen
du	habest	gelegen
er	habe	gelegen
wir	haben	gelegen
ihr	habet	gelegen
sie	haben	gelegen

Futur I

ich	werde	liegen
du	werdest	liegen
er	werde	liegen
wir	werden	liegen
ihr	werdet	liegen
sie	werden	liegen

Konjunktiv II

ich	läge
du	lägest
er	läge
wir	lägen
ihr	läget
sie	lägen

Plusquamperfekt

ich	hätte	gelegen
du	hättest	gelegen
er	hätte	gelegen
wir	hätten	gelegen
ihr	hättet	gelegen
sie	hätten	gelegen

Futur II

ich	werde	gelegen	haben
du	werdest	gelegen	haben
er	werde	gelegen	haben
wir	werden	gelegen	haben
ihr	werdet	gelegen	haben
sie	werden	gelegen	haben

Infinitiv

Perfekt

gelegen haben/sein

Partizip

Partizip I

liegend

Partizip II

gelegen

Imperativ

lieg(e)

liegen wir

liegt

liegen Sie

▶ Anwendungsbeispiele

Sie war krank und **lag** im Bett. *Sie war krank und **ruhte** im Bett.*

Hamburg und Dresden **liegen** an der Elbe. *Hamburg und Dresden **befinden sich** an der Elbe.*

Die Lüneburger Heide **liegt** zwischen Harburg und Celle. *Die Lüneburger Heide **erstreckt sich** von Harburg bis Celle.*

Klavier spielen **lag** ihm nicht, aber er spielte gern Geige. *Klavier spielen **gefiel** ihm nicht, aber er spielte gern Geige.*

Dass es uns hier so gut gefällt, **liegt an** der schönen Atmosphäre. *Dass es uns hier so gut gefällt, **kommt von** der schönen Atmosphäre.*

❞ Redewendungen

alles stehen und liegen lassen *eine Beschäftigung abrupt unterbrechen, weil plötzlich etw. Wichtigeres zu tun ist*

im Argen liegen *nicht in Ordnung sein*

auf der faulen Haut liegen *für eine gewisse Zeit sehr faul sein*

gut in der Zeit liegen *die zeitlichen Vorgaben einhalten, nicht spät dran sein*

sich in den Haaren liegen *Streit miteinander haben*

◗ Ähnliche Verben

ruhen	anliegen
sich befinden	aufliegen
sich erstrecken	beiliegen
kommen von	erliegen
behagen	unterliegen
entsprechen	vorliegen
gefallen	zurückliegen

⚡ Aufgepasst!

In Süddeutschland, Österreich und der Schweiz wird das Verb liegen im Perfekt und Plusquamperfekt meist mit dem Hilfsverb sein gebildet.

✎ Anmerkungen:

42 lügen

Stammvokalwechsel ü → o → o

Indikativ

Präsens
ich	lüge
du	lügst
er	lügt
wir	lügen
ihr	lügt
sie	lügen

Perfekt
ich	habe	gelogen
du	hast	gelogen
er	hat	gelogen
wir	haben	gelogen
ihr	habt	gelogen
sie	haben	gelogen

Futur I
ich	werde	lügen
du	wirst	lügen
er	wird	lügen
wir	werden	lügen
ihr	werdet	lügen
sie	werden	lügen

Präteritum
ich	log
du	logst
er	log
wir	logen
ihr	logt
sie	logen

Plusquamperfekt
ich	hatte	gelogen
du	hattest	gelogen
er	hatte	gelogen
wir	hatten	gelogen
ihr	hattet	gelogen
sie	hatten	gelogen

Futur II
ich	werde	gelogen	haben
du	wirst	gelogen	haben
er	wird	gelogen	haben
wir	werden	gelogen	haben
ihr	werdet	gelogen	haben
sie	werden	gelogen	haben

Konjunktiv

Konjunktiv I
ich	lüge
du	lügest
er	lüge
wir	lügen
ihr	lüget
sie	lügen

Perfekt
ich	habe	gelogen
du	habest	gelogen
er	habe	gelogen
wir	haben	gelogen
ihr	habet	gelogen
sie	haben	gelogen

Futur I
ich	werde	lügen
du	werdest	lügen
er	werde	lügen
wir	werden	lügen
ihr	werdet	lügen
sie	werden	lügen

Konjunktiv II
ich	löge
du	lögest
er	löge
wir	lögen
ihr	löget
sie	lögen

Plusquamperfekt
ich	hätte	gelogen
du	hättest	gelogen
er	hätte	gelogen
wir	hätten	gelogen
ihr	hättet	gelogen
sie	hätten	gelogen

Futur II
ich	werde	gelogen	haben
du	werdest	gelogen	haben
er	werde	gelogen	haben
wir	werden	gelogen	haben
ihr	werdet	gelogen	haben
sie	werden	gelogen	haben

Infinitiv
Perfekt
gelogen haben

Partizip
Partizip I
lügend
Partizip II
gelogen

Imperativ
lüg(e)
lügen wir
lügt
lügen Sie

▶ Anwendungsbeispiele

Das stimmt ja gar nicht, du **lügst**! *Das stimmt ja gar nicht, du sagst nicht die Wahrheit!*

Sie glaubt ihm nicht mehr, da er zu oft **gelogen hat**. *Sie glaubt ihm nicht mehr, da er zu oft geschwindelt hat.*

Er **log** vor Gericht. *Er sagte vor Gericht die Unwahrheit.*

Sie **hat gelogen**, als sie von dem unglaublichen Angebot sprach. *Sie hat dich getäuscht, als sie von dem unglaublichen Angebot sprach.*

„“ Redewendungen

jmdm. ins Gesicht lügen *jmdn. ganz frech anlügen*
wie gedruckt lügen *hemmungslos lügen*
das Blaue vom Himmel lügen *ohne Hemmungen lügen*
sich in die eigene Tasche lügen *sich etw. vormachen, sich selbst belügen*
jmdm. die Hucke volllügen *jmdn. gründlich anschwindeln*

◉ Ähnliche Verben

flunkern
schwindeln
täuschen
mogeln
schummeln
erdichten
verdrehen

anlügen
belügen
erlügen
vorlügen

⚡ Gebrauch

Das Verb lügen ist intransitiv. Wenn man eine Person, der eine Lüge erzählt wird/ wurde, als Akkusativergänzung hinzufügen möchte, verwendet man die Verben belügen oder anlügen. Diese Verben sind transitiv:
Der Student **hat** seinen Professor **angelogen**.
Du **hast** mich nach Strich und Faden **belogen**!

⚠ Tipps & Tricks

Lernen Sie auch andere Verben mit dem gleichen Konjugationsmuster mit. Wie das Verb lügen werden auch anlügen, belügen, trügen und betrügen konjugiert.

✏ Anmerkungen:

㊸ mögen

Indikativ

Präsens
ich	mag
du	magst
er	mag
wir	mögen
ihr	mögt
sie	mögen

Perfekt
ich	habe	gemocht
du	hast	gemocht
er	hat	gemocht
wir	haben	gemocht
ihr	habt	gemocht
sie	haben	gemocht

Futur I
ich	werde	mögen
du	wirst	mögen
er	wird	mögen
wir	werden	mögen
ihr	werdet	mögen
sie	werden	mögen

Präteritum
ich	mochte
du	mochtest
er	mochte
wir	mochten
ihr	mochtet
sie	mochten

Plusquamperfekt
ich	hatte	gemocht
du	hattest	gemocht
er	hatte	gemocht
wir	hatten	gemocht
ihr	hattet	gemocht
sie	hatten	gemocht

Futur II
ich	werde	gemocht	haben
du	wirst	gemocht	haben
er	wird	gemocht	haben
wir	werden	gemocht	haben
ihr	werdet	gemocht	haben
sie	werden	gemocht	haben

Konjunktiv

Konjunktiv I
ich	möge
du	mögest
er	möge
wir	mögen
ihr	möget
sie	mögen

Perfekt
ich	habe	gemocht
du	habest	gemocht
er	habe	gemocht
wir	haben	gemocht
ihr	habet	gemocht
sie	haben	gemocht

Futur I
ich	werde	mögen
du	werdest	mögen
er	werde	mögen
wir	werden	mögen
ihr	werdet	mögen
sie	werden	mögen

Konjunktiv II
ich	möchte
du	möchtest
er	möchte
wir	möchten
ihr	möchtet
sie	möchten

Plusquamperfekt
ich	hätte	gemocht
du	hättest	gemocht
er	hätte	gemocht
wir	hätten	gemocht
ihr	hättet	gemocht
sie	hätten	gemocht

Futur II
ich	werde	gemocht	haben
du	werdest	gemocht	haben
er	werde	gemocht	haben
wir	werden	gemocht	haben
ihr	werdet	gemocht	haben
sie	werden	gemocht	haben

Infinitiv

Perfekt
gemocht haben

Partizip

Partizip I
mögend

Partizip II
gemocht

Imperativ
mögest du
mögen wir
mögt ihr
mögen Sie

▶ Anwendungsbeispiele

Ich **möchte** heute in die Sauna gehen. *Ich will heute in die Sauna gehen.*
Es **mag** sein, dass er diesmal gewinnt. *Es ist möglich, dass er diesmal gewinnt.*
Die Jugendlichen **mögen** diesen Sänger sehr. *Die Jugendlichen schwärmen für diesen Sänger.*
Früher **mochte** sie keine klassische Musik. *Früher stand sie nicht auf klassische Musik.*

„ Sprichwörter

bei etw. Mäuschen sein mögen *etw. heimlich beobachten/belauschen wollen*
(gut) leiden mögen *gern mögen, gern haben*
etw. nicht mit der Beißzange/Kneifzange anfassen mögen *etw. ekelig finden, stark ablehnen*

Ähnliche Verben

sich begeistern   vermögen
gefallen
lieben
stehen auf (umgs.)
wollen

⚡ Gebrauch

Das Verb mögen gehört zu den Modalverben (▶ Grammatik rund ums Verb, 1.3).
Es kann aber auch als Vollverb verwendet werden. Als Modalverb steht im
Perfekt und Präteritum der Infinitiv statt des Partizips:
Er hat den Film gern sehen **mögen.**
Als Vollverb steht im Perfekt und Plusquamperfekt das Partizip II:
Er hat Rinderroulade noch nie **gemocht.**
Insbesondere in der Verwendung als Modalverb wird statt des Präsens meist die
Konjunktiv II-Form möchte und im Präteritum wollen verwendet.
Der Imperativ von mögen wird nur in der gehobenen Sprache verwendet.

✎ Anmerkungen:

(44) müssen

Indikativ

Präsens
ich	muss
du	musst
er	muss
wir	müssen
ihr	müsst
sie	müssen

Perfekt
ich	habe	gemusst
du	hast	gemusst
er	hat	gemusst
wir	haben	gemusst
ihr	habt	gemusst
sie	haben	gemusst

Futur I
ich	werde	müssen
du	wirst	müssen
er	wird	müssen
wir	werden	müssen
ihr	werdet	müssen
sie	werden	müssen

Präteritum
ich	musste
du	musstest
er	musste
wir	mussten
ihr	musstet
sie	mussten

Plusquamperfekt
ich	hatte	gemusst
du	hattest	gemusst
er	hatte	gemusst
wir	hatten	gemusst
ihr	hattet	gemusst
sie	hatten	gemusst

Futur II
ich	werde	gemusst	haben
du	wirst	gemusst	haben
er	wird	gemusst	haben
wir	werden	gemusst	haben
ihr	werdet	gemusst	haben
sie	werden	gemusst	haben

Konjunktiv

Konjunktiv I
ich	müsse
du	müssest
er	müsse
wir	müssen
ihr	müsset
sie	müssen

Perfekt
ich	habe	gemusst
du	habest	gemusst
er	habe	gemusst
wir	haben	gemusst
ihr	habet	gemusst
sie	haben	gemusst

Futur I
ich	werde	müssen
du	werdest	müssen
er	werde	müssen
wir	werden	müssen
ihr	werdet	müssen
sie	werden	müssen

Konjunktiv II
ich	müsste
du	müsstest
er	müsste
wir	müssten
ihr	müsstet
sie	müssten

Plusquamperfekt
ich	hätte	gemusst
du	hättest	gemusst
er	hätte	gemusst
wir	hätten	gemusst
ihr	hättet	gemusst
sie	hätten	gemusst

Futur II
ich	werde	gemusst	haben
du	werdest	gemusst	haben
er	werde	gemusst	haben
wir	werden	gemusst	haben
ihr	werdet	gemusst	haben
sie	werden	gemusst	haben

Infinitiv
Perfekt
gemusst haben

Partizip
Partizip I
müssend
Partizip II
gemusst

Imperativ
–
–
–
–

▶ Anwendungsbeispiele

Sie **muss** 38 Stunden pro Woche arbeiten. *Sie ist verpflichtet, 38 Stunden pro Woche zu arbeiten.*

Sie **müssen** aber sehr gesund sein! *Ich nehme an, dass Sie sehr gesund sind.*

Er **müsste** eigentlich schon längst da sein. *Er sollte eigentlich schon längst da sein.*

Der Brief **muss** heute noch zur Post. *Es ist notwendig, dass der Brief heute noch zur Post gebracht wird.*

„“ Redewendungen

Lehrgeld zahlen müssen *durch Schaden lernen*
das Bett hüten müssen *wegen Krankheit im Bett bleiben müssen*
die Zeche bezahlen müssen *die Folgen tragen müssen*
sich warm anziehen müssen *sich auf etw. Unerfreuliches einstellen müssen*
passen müssen *aufgeben, die Antwort nicht kennen*
ausbaden müssen *für ein unangenehmes Ereignis die Folgen tragen müssen*

◐≠ Ähnliche Verben

sich gezwungen sehen
verpflichtet sein
sich verpflichtet fühlen

⚡ Aufgepasst!

Das Verb müssen ist ein Modalverb (▶ Grammatik rund ums Verb, **1.3**) und drückt eine Notwendigkeit, Aufforderung oder eine sichere Vermutung aus. Normalerweise steht es mit einem Infinitiv am Satzende. Es kann aber in einigen Fällen auch allein stehen. Dann verwendet man im Perfekt oder Plusquamperfekt das Partizip II gemusst:

Das Kind hat auf die Toilette **gemusst**.

Ansonsten steht das Modalverb im Infinitiv am Ende des Satzes: Ich habe noch einmal zurückgehen **müssen**.

✎ Anmerkungen:

(45) nennen

Stammvokalwechsel e → a → a

Indikativ

Präsens
ich	nenne
du	nennst
er	nennt
wir	nennen
ihr	nennt
sie	nennen

Perfekt
ich	habe	genannt
du	hast	genannt
er	hat	genannt
wir	haben	genannt
ihr	habt	genannt
sie	haben	genannt

Futur I
ich	werde	nennen
du	wirst	nennen
er	wird	nennen
wir	werden	nennen
ihr	werdet	nennen
sie	werden	nennen

Präteritum
ich	nannte
du	nanntest
er	nannte
wir	nannten
ihr	nanntet
sie	nannten

Plusquamperfekt
ich	hatte	genannt
du	hattest	genannt
er	hatte	genannt
wir	hatten	genannt
ihr	hattet	genannt
sie	hatten	genannt

Futur II
ich	werde	genannt	haben
du	wirst	genannt	haben
er	wird	genannt	haben
wir	werden	genannt	haben
ihr	werdet	genannt	haben
sie	werden	genannt	haben

Konjunktiv

Konjunktiv I
ich	nenne
du	nennest
er	nenne
wir	nennen
ihr	nennet
sie	nennen

Perfekt
ich	habe	genannt
du	habest	genannt
er	habe	genannt
wir	haben	genannt
ihr	habet	genannt
sie	haben	genannt

Futur I
ich	werde	nennen
du	werdest	nennen
er	werde	nennen
wir	werden	nennen
ihr	werdet	nennen
sie	werden	nennen

Konjunktiv II
ich	nennte
du	nenntest
er	nennte
wir	nennten
ihr	nenntet
sie	nennten

Plusquamperfekt
ich	hätte	genannt
du	hättest	genannt
er	hätte	genannt
wir	hätten	genannt
ihr	hättet	genannt
sie	hätten	genannt

Futur II
ich	werde	genannt	haben
du	werdest	genannt	haben
er	werde	genannt	haben
wir	werden	genannt	haben
ihr	werdet	genannt	haben
sie	werden	genannt	haben

Infinitiv

Perfekt
genannt haben

Partizip

Partizip I
nennend

Partizip II
genannt

Imperativ
nenn(e)
nennen wir
nennt
nennen Sie

▶ Anwendungsbeispiele

Sie **nannten** ihren Sohn nach seinem Großvater. *Sie **gaben** ihrem Sohn den Namen seines Großvaters.*

Der Täter wollte den Grund für den Überfall nicht **nennen**. *Der Täter wollte den Grund für den Überfall nicht **angeben**.*

Das Kind kann alle Spieler der Nationalmannschaft **nennen**. *Das Kind kann alle Spieler der Nationalmannschaft **auflisten**.*

Er **wurde** als möglicher Kandidat **genannt**. *Er **wurde** als möglicher Kandidat **vorgeschlagen**.*

💬 Redewendungen

etw./jmdn. sein Eigen nennen *etw. besitzen, über jmdn. verfügen*
Ross und Reiter nennen *die Namen von Personen öffentlich nennen*
das Kind beim Namen nennen *etw. ohne Beschönigung aussprechen*
die Dinge beim Namen nennen *sagen, wie etw. (Negatives) wirklich ist*

◐ Ähnliche Verben

rufen	benennen
heißen	ernennen
bezeichnen	
anführen	
angeben	
auflisten	
berufen	
vorschlagen	

⚡ Aufgepasst!

Beim Verb nennen leitet sich die Konjunktiv II-Form nicht vom Präteritum ab, wie es normalerweise der Fall ist. Die Konjunktiv II-Form lautet nennte. Allerdings wird diese Form meist durch die würde-Form ersetzt: Wenn ich die Namen nicht nennen würde, bekäme ich Probleme (▷ Grammatik rund ums Verb, **3.1**).

⚠ Tipps & Tricks

Folgende Verben werden nach dem gleichen Muster konjugiert: benennen, ernennen, kennen, brennen und Kombinationen dieser Verben mit Präfixen wie z. B. ausbrennen, verbrennen, erkennen, verkennen.

✎ Anmerkungen:

46 raten

Stammvokalwechsel a → ie → a

Indikativ

Präsens		Perfekt			Futur I		
ich	rate	ich	habe	geraten	ich	werde	raten
du	rätst	du	hast	geraten	du	wirst	raten
er	rät	er	hat	geraten	er	wird	raten
wir	raten	wir	haben	geraten	wir	werden	raten
ihr	ratet	ihr	habt	geraten	ihr	werdet	raten
sie	raten	sie	haben	geraten	sie	werden	raten

Präteritum		Plusquamperfekt			Futur II			
ich	riet	ich	hatte	geraten	ich	werde	geraten	haben
du	riet(e)st	du	hattest	geraten	du	wirst	geraten	haben
er	riet	er	hatte	geraten	er	wird	geraten	haben
wir	rieten	wir	hatten	geraten	wir	werden	geraten	haben
ihr	rietet	ihr	hattet	geraten	ihr	werdet	geraten	haben
sie	rieten	sie	hatten	geraten	sie	werden	geraten	haben

Konjunktiv

Konjunktiv I		Perfekt			Futur I		
ich	rate	ich	habe	geraten	ich	werde	raten
du	ratest	du	habest	geraten	du	werdest	raten
er	rate	er	habe	geraten	er	werde	raten
wir	raten	wir	haben	geraten	wir	werden	raten
ihr	ratet	ihr	habet	geraten	ihr	werdet	raten
sie	raten	sie	haben	geraten	sie	werden	raten

Konjunktiv II		Plusquamperfekt			Futur II			
ich	riete	ich	hätte	geraten	ich	werde	geraten	haben
du	rietest	du	hättest	geraten	du	werdest	geraten	haben
er	riete	er	hätte	geraten	er	werde	geraten	haben
wir	rieten	wir	hätten	geraten	wir	werden	geraten	haben
ihr	rietet	ihr	hättet	geraten	ihr	werdet	geraten	haben
sie	rieten	sie	hätten	geraten	sie	werden	geraten	haben

Infinitiv

Perfekt
geraten haben

Partizip

Partizip I
ratend

Partizip II
geraten

Imperativ

rat(e)
raten wir
ratet
raten Sie

▶ Anwendungsbeispiele

Der Lehrer **rät** seinen Schülern, regelmäßig Vokabeln zu lernen. *Der Lehrer empfiehlt seinen Schülern, regelmäßig Vokabeln zu lernen.*
Er **hat** mir zu einer Reise nach Griechenland **geraten**. *Er hat mir eine Reise nach Griechenland nahegelegt.*
Bei dem Spiel **wurde** viel **geraten**. *Bei dem Spiel wurde viel geschätzt.*
Super, das **hast** du richtig **geraten**! *Super, das hast du richtig aufgelöst!*

„ Sprichwörter

Niemand ist klug genug, sich selbst zu raten. *Man soll nicht nur auf sich selbst, sondern auch auf den Rat anderer hören.*
Wem nicht zu raten ist, dem ist auch nicht zu helfen. *Wer von anderen keine Ratschläge annimmt, muss seine Probleme selber lösen.*
Die sich lassen sagen, denen mag man raten. *Wer Ratschläge gerne annimmt, bekommt auch welche.*

⬤ Ähnliche Verben

anhalten	abraten
befürworten	anraten
einschärfen	beraten
empfehlen	erraten
schätzen	geraten
aufdecken	verraten
(auf)lösen	zuraten
herausfinden	

⚡ Aufgepasst!

Das Verb raten hat einen Vokalwechsel im Präsens Indikativ in der 2. und 3. Person Singular (▷ Grammatik rund ums Verb, **1.1.1**) und ein eingefügtes -e in der 2. Person Plural im Präsens und Präteritum, da der Verbstamm auf -ten endet (▷ Grammatik rund ums Verb, **1.1.1**).

✎ Anmerkungen:

47 rufen

Stammvokalwechsel u → ie → u

Indikativ

Präsens
ich	rufe
du	rufst
er	ruft
wir	rufen
ihr	ruft
sie	rufen

Perfekt
ich	habe	gerufen
du	hast	gerufen
er	hat	gerufen
wir	haben	gerufen
ihr	habt	gerufen
sie	haben	gerufen

Futur I
ich	werde	rufen
du	wirst	rufen
er	wird	rufen
wir	werden	rufen
ihr	werdet	rufen
sie	werden	rufen

Präteritum
ich	rief
du	riefst
er	rief
wir	riefen
ihr	rieft
sie	riefen

Plusquamperfekt
ich	hatte	gerufen
du	hattest	gerufen
er	hatte	gerufen
wir	hatten	gerufen
ihr	hattet	gerufen
sie	hatten	gerufen

Futur II
ich	werde	gerufen	haben
du	wirst	gerufen	haben
er	wird	gerufen	haben
wir	werden	gerufen	haben
ihr	werdet	gerufen	haben
sie	werden	gerufen	haben

Konjunktiv

Konjunktiv I
ich	rufe
du	rufest
er	rufe
wir	rufen
ihr	rufet
sie	rufen

Perfekt
ich	habe	gerufen
du	habest	gerufen
er	habe	gerufen
wir	haben	gerufen
ihr	habet	gerufen
sie	haben	gerufen

Futur I
ich	werde	rufen
du	werdest	rufen
er	werde	rufen
wir	werden	rufen
ihr	werdet	rufen
sie	werden	rufen

Konjunktiv II
ich	riefe
du	riefest
er	riefe
wir	riefen
ihr	riefet
sie	riefen

Plusquamperfekt
ich	hätte	gerufen
du	hättest	gerufen
er	hätte	gerufen
wir	hätten	gerufen
ihr	hättet	gerufen
sie	hätten	gerufen

Futur II
ich	werde	gerufen	haben
du	werdest	gerufen	haben
er	werde	gerufen	haben
wir	werden	gerufen	haben
ihr	werdet	gerufen	haben
sie	werden	gerufen	haben

Infinitiv

Perfekt
gerufen haben

Partizip

Partizip I
rufend

Partizip II
gerufen

Imperativ
ruf(e)
rufen wir
ruft
rufen Sie

▶ Anwendungsbeispiele

Können Sie mir bitte ein Taxi **rufen**? *Können Sie mir bitte ein Taxi **bestellen**?*

„Gewonnen!", **rief** sie und strahlte über das ganze Gesicht. *„Gewonnen!", **schrie** sie und strahlte über das ganze Gesicht.*

Er heißt Karl-Heinz, aber alle **rufen** ihn Kalli. *Er heißt Karl-Heinz, aber alle **nennen** ihn Kalli.*

Es **wurde** immer wieder nach einer Zugabe **gerufen**. *Es **wurde** immer wieder nach einer Zugabe **verlangt**.*

Der Chef **rief** alle Mitarbeiter in sein Büro. *Der Chef **zitierte** alle Mitarbeiter in sein Büro.*

❝❞ Redewendungen

ins Leben rufen *etw. gründen*
auf den Plan rufen *zum Handeln herausfordern*
sich die Seele aus dem Leib rufen *sehr laut und lange rufen*
ins Gedächtnis rufen *bewusst machen, erinnern*

≠ Ähnliche Verben

schreien
(an)fordern
verlangen
herbeordern
auffordern

anrufen
aufrufen
ausrufen
einberufen
herbeirufen

⚡ Aufgepasst!

Insbesondere in der gesprochenen Sprache werden die Konjunktiv II-Formen er riefe, wir riefen etc. durch die würde-Formen ersetzt (▶ Grammatik rund ums Verb, **3.1**). Dies gilt für die regelmäßigen und für die meisten unregelmäßigen Verben:

Wenn du mich nur **riefest**, käme ich sofort. (Schriftsprache)

Wenn du mich nur **rufen würdest**, würde ich sofort kommen. (mündlicher Sprachgebrauch)

✎ Anmerkungen:

(48) saugen

Stammvokalwechsel au → o → o

Indikativ

Präsens
ich	sauge
du	saugst
er	saugt
wir	saugen
ihr	saugt
sie	saugen

Perfekt
ich	habe	gesogen
du	hast	gesogen
er	hat	gesogen
wir	haben	gesogen
ihr	habt	gesogen
sie	haben	gesogen

Futur I
ich	werde	saugen
du	wirst	saugen
er	wird	saugen
wir	werden	saugen
ihr	werdet	saugen
sie	werden	saugen

Präteritum
ich	sog/saugte
du	sogst/saugtest
er	sog/saugte
wir	sogen/saugten
ihr	sogt/saugtet
sie	sogen/saugten

Plusquamperfekt
ich	hatte	gesogen
du	hattest	gesogen
er	hatte	gesogen
wir	hatten	gesogen
ihr	hattet	gesogen
sie	hatten	gesogen

Futur II
ich	werde	gesogen	haben
du	wirst	gesogen	haben
er	wird	gesogen	haben
wir	werden	gesogen	haben
ihr	werdet	gesogen	haben
sie	werden	gesogen	haben

Konjunktiv

Konjunktiv I
ich	sauge
du	saugest
er	sauge
wir	saugen
ihr	saugt
sie	saugen

Perfekt
ich	habe	gesogen
du	habest	gesogen
er	habe	gesogen
wir	haben	gesogen
ihr	habet	gesogen
sie	haben	gesogen

Futur I
ich	werde	saugen
du	werdest	saugen
er	werde	saugen
wir	werden	saugen
ihr	werdet	saugen
sie	werden	saugen

Konjunktiv II
ich	söge
du	sögest
er	söge
wir	sögen
ihr	söget
sie	sögen

Plusquamperfekt
ich	hätte	gesogen
du	hättest	gesogen
er	hätte	gesogen
wir	hätten	gesogen
ihr	hättet	gesogen
sie	hätten	gesogen

Futur II
ich	werde	gesogen	haben
du	werdest	gesogen	haben
er	werde	gesogen	haben
wir	werden	gesogen	haben
ihr	werdet	gesogen	haben
sie	werden	gesogen	haben

Infinitiv
Perfekt
gesogen haben

Partizip
Partizip I
saugend
Partizip II
gesogen/gesaugt

Imperativ
saug(e)
saugen wir
saugt
saugen Sie

▶ Anwendungsbeispiele

Das Baby **sog** kräftig am Schnuller. *Das Baby nuckelte kräftig am Schnuller.*
Der Junge **saugt** die Limonade durch den Strohhalm. *Der Junge trinkt die Limonade durch den Strohhalm.*
Wegen der Hunde **sauge** ich die Wohnung jeden Tag. *Wegen der Hunde säubere ich die Wohnung jeden Tag mit dem Staubsauger.*
Er **hat** sich die neusten Filme aus dem Internet **gesaugt**. *Er hat sich die neusten Filme aus dem Internet heruntergeladen.*
Die Wurzeln **saugen** Flüssigkeit aus dem Boden. *Die Wurzeln absorbieren Flüssigkeit aus dem Boden.*

❞ Redewendungen

sich etw. aus den Fingern saugen *einen Sachverhalt frei erfinden*
jmdm. das Mark aus den Knochen saugen *jmdn. hemmungslos ausbeuten*
an den Hungerpfoten saugen *Hunger leiden*

◀▶ Ähnliche Verben

einziehen	absaugen
lutschen	ansaugen
nuckeln	aufsaugen
in sich aufnehmen	einsaugen
in sich hineinziehen	staubsaugen
absorbieren	

⚡ Aufgepasst!

Das Verb saugen kann sowohl regelmäßig als auch unregelmäßig sein. Die regelmäßige Form muss verwendet werden, wenn das Verb saugen eine technische Bedeutung hat:
Der Filter **saugte** den Feinstaub aus der Luft.
In allen anderen Fällen kann die regelmäßige oder unregelmäßige Form stehen:
Das Mädchen **saugte/sog** an einem Lutscher.

✍ Anmerkungen:

(49) schalten

e-Einschub

Indikativ

Präsens
ich	schalte
du	schaltest
er	schaltet
wir	schalten
ihr	schaltet
sie	schalten

Perfekt
ich	habe	geschaltet
du	hast	geschaltet
er	hat	geschaltet
wir	haben	geschaltet
ihr	habt	geschaltet
sie	haben	geschaltet

Futur I
ich	werde	schalten
du	wirst	schalten
er	wird	schalten
wir	werden	schalten
ihr	werdet	schalten
sie	werden	schalten

Präteritum
ich	schaltete
du	schaltetest
er	schaltete
wir	schalteten
ihr	schaltetet
sie	schalteten

Plusquamperfekt
ich	hatte	geschaltet
du	hattest	geschaltet
er	hatte	geschaltet
wir	hatten	geschaltet
ihr	hattet	geschaltet
sie	hatten	geschaltet

Futur II
ich	werde	geschaltet	haben
du	wirst	geschaltet	haben
er	wird	geschaltet	haben
wir	werden	geschaltet	haben
ihr	werdet	geschaltet	haben
sie	werden	geschaltet	haben

Konjunktiv

Konjunktiv I
ich	schalte
du	schaltest
er	schalte
wir	schalten
ihr	schaltet
sie	schalten

Perfekt
ich	habe	geschaltet
du	habest	geschaltet
er	habe	geschaltet
wir	haben	geschaltet
ihr	habet	geschaltet
sie	haben	geschaltet

Futur I
ich	werde	schalten
du	werdest	schalten
er	werde	schalten
wir	werden	schalten
ihr	werdet	schalten
sie	werden	schalten

Konjunktiv II
ich	schaltete
du	schaltetest
er	schaltete
wir	schalteten
ihr	schaltetet
sie	schalteten

Plusquamperfekt
ich	hätte	geschaltet
du	hättest	geschaltet
er	hätte	geschaltet
wir	hätten	geschaltet
ihr	hättet	geschaltet
sie	hätten	geschaltet

Futur II
ich	werde	geschaltet	haben
du	werdest	geschaltet	haben
er	werde	geschaltet	haben
wir	werden	geschaltet	haben
ihr	werdet	geschaltet	haben
sie	werden	geschaltet	haben

Infinitiv

Perfekt
geschaltet haben

Partizip

Partizip I
schaltend

Partizip II
geschaltet

Imperativ
schalte
schalten wir
schaltet
schalten Sie

▶ Anwendungsbeispiele

Der Backofen **wird** auf Oberhitze **geschaltet**. *Der Backofen **wird** auf Oberhitze gestellt.*

Bergab musst du in einen höheren Gang **schalten**. *Bergab musst du einen höheren Gang einlegen.*

Die Ampel **schaltete** schon wieder auf Rot. *Die Ampel **wechselte** schon wieder zu Rot.*

Wir **schalten** zu unserem Korrespondenten nach Paris. *Wir **übergeben an** unseren Korrespondenten in Paris.*

„" Redewendungen

auf Durchzug schalten *jmds. Worte ignorieren*
auf Sparflamme schalten *seinen Einsatz auf ein Minimum reduzieren*
auf stur schalten *stur werden*

⊖⨍ Ähnliche Verben

drehen
stellen
knipsen
einlegen
zappen
übergeben
auffassen
verstehen

abschalten
anschalten
ausschalten
einschalten
vorschalten
zuschalten
zurückschalten

⚡ Aufgepasst!

Bei Verben, die wie schalten auf -ten oder auf -den enden, und bei den meisten Verben auf -nen und -men, wird im Präsens Indikativ in der 2. und 3. Person Singular und in der 2. Person Plural ein -e eingefügt (▷ Grammatik rund ums Verb, **1.1.1**), bei den Verben auf -ten und -den geschieht dies auch in allen Personen im Präteritum.

≡ ✎ Anmerkungen:

50 schieben

Stammvokalwechsel ie → o → o

Indikativ

Präsens
ich schiebe
du schiebst
er schiebt
wir schieben
ihr schiebt
sie schieben

Perfekt
ich habe geschoben
du hast geschoben
er hat geschoben
wir haben geschoben
ihr habt geschoben
sie haben geschoben

Futur I
ich werde schieben
du wirst schieben
er wird schieben
wir werden schieben
ihr werdet schieben
sie werden schieben

Präteritum
ich schob
du schobst
er schob
wir schoben
ihr schobt
sie schoben

Plusquamperfekt
ich hatte geschoben
du hattest geschoben
er hatte geschoben
wir hatten geschoben
ihr hattet geschoben
sie hatten geschoben

Futur II
ich werde geschoben haben
du wirst geschoben haben
er wird geschoben haben
wir werden geschoben haben
ihr werdet geschoben haben
sie werden geschoben haben

Konjunktiv

Konjunktiv I
ich schiebe
du schiebest
er schiebe
wir schieben
ihr schiebet
sie schieben

Perfekt
ich habe geschoben
du habest geschoben
er habe geschoben
wir haben geschoben
ihr habet geschoben
sie haben geschoben

Futur I
ich werde schieben
du werdest schieben
er werde schieben
wir werden schieben
ihr werdet schieben
sie werden schieben

Konjunktiv II
ich schöbe
du schöbest
er schöbe
wir schöben
ihr schöbet
sie schöben

Plusquamperfekt
ich hätte geschoben
du hättest geschoben
er hätte geschoben
wir hätten geschoben
ihr hättet geschoben
sie hätten geschoben

Futur II
ich werde geschoben haben
du werdest geschoben haben
er werde geschoben haben
wir werden geschoben haben
ihr werdet geschoben haben
sie werden geschoben haben

Infinitiv

Perfekt
geschoben haben

Partizip

Partizip I
schiebend

Partizip II
geschoben

Imperativ
schieb(e)
schieben wir
schiebt
schieben Sie

▶ Anwendungsbeispiele

Wir **schieben** den Tisch an die Wand. *Wir rücken den Tisch an die Wand.*
Die Menschenmasse **schob** ihn durch das Tor. *Die Menschenmasse drängte ihn durch das Tor.*
Er **hat** alle Vorwürfe von sich **geschoben**. *Er hat alle Vorwürfe von sich gewiesen.*
Sie **schiebt** immer alles auf mich. *Sie lastet immer alles mir an.*
Der Faden **wird** durch das Nadelöhr **geschoben**. *Der Faden wird durch das Nadelöhr gesteckt.*

„ Redewendungen

auf die lange Bank schieben *die Erledigung einer unangenehmen Aufgabe hinauszögern*
Kohldampf schieben *großen Hunger haben*
jmdm. etw./die Schuld in die Schuhe schieben *jmdm. unberechtigt die Schuld geben*
eine ruhige Kugel schieben *sich nicht sonderlich anstrengen*

⊜ Ähnliche Verben

(ab)rücken	abschieben
bewegen	anschieben
drängen	aufschieben
drücken	beiseiteschieben
stecken	unterschieben
anklagen	verschieben
beschuldigen	wegschieben

⚡ Gebrauch

Das Verb schieben kann sowohl transitiv als auch intransitiv sein. Intransitiv verwendet ist das Verb schieben reflexiv:
Sie **schob** ihr Fahrrad den Hügel hinauf. (transitiv)
Eine Wolke **schob sich** vor den Mond. (intransitiv, reflexiv)

⚠ Tipps & Tricks

Wie schieben werden konjugiert: biegen, fliegen und wiegen sowie die Kombinationen dieser Verben mit Präfixen, z. B. verbiegen, auffliegen, abwiegen; wiegen in der Bedeutung schaukeln ist aber regelmäßig.

✎ Anmerkungen:

135

51 schinden

Stammvokalwechsel i → u → u

Indikativ

Präsens
ich	schinde
du	schindest
er	schindet
wir	schinden
ihr	schindet
sie	schinden

Perfekt
ich	habe	geschunden
du	hast	geschunden
er	hat	geschunden
wir	haben	geschunden
ihr	habt	geschunden
sie	haben	geschunden

Futur I
ich	werde	schinden
du	wirst	schinden
er	wird	schinden
wir	werden	schinden
ihr	werdet	schinden
sie	werden	schinden

Präteritum
ich	schund/schindete
du	schundest/schindetest
er	schund/schindete
wir	schunden/schindeten
ihr	schundet/schindetet
sie	schunden/schindeten

Plusquamperfekt
ich	hatte	geschunden
du	hattest	geschunden
er	hatte	geschunden
wir	hatten	geschunden
ihr	hattet	geschunden
sie	hatten	geschunden

Futur II
ich	werde	geschunden	haben
du	wirst	geschunden	haben
er	wird	geschunden	haben
wir	werden	geschunden	haben
ihr	werdet	geschunden	haben
sie	werden	geschunden	haben

Konjunktiv

Konjunktiv I
ich	schinde
du	schindest
er	schinde
wir	schinden
ihr	schindet
sie	schinden

Perfekt
ich	habe	geschunden
du	habest	geschunden
er	habe	geschunden
wir	haben	geschunden
ihr	habet	geschunden
sie	haben	geschunden

Futur I
ich	werde	schinden
du	werdest	schinden
er	werde	schinden
wir	werden	schinden
ihr	werdet	schinden
sie	werden	schinden

Konjunktiv II
ich	schünde/schindete
du	schündest/schindetest
er	schünde/schindete
wir	schünden/schindeten
ihr	schündet/schindetet
sie	schünden/schindeten

Plusquamperfekt
ich	hätte	geschunden
du	hättest	geschunden
er	hätte	geschunden
wir	hätten	geschunden
ihr	hättet	geschunden
sie	hätten	geschunden

Futur II
ich	werde	geschunden	haben
du	werdest	geschunden	haben
er	werde	geschunden	haben
wir	werden	geschunden	haben
ihr	werdet	geschunden	haben
sie	werden	geschunden	haben

Infinitiv

Perfekt
geschunden haben

Partizip

Partizip I
schindend

Partizip II
geschunden

Imperativ
schind(e)

schinden wir

schindet

schinden Sie

▶ Anwendungsbeispiele

Ich kann nicht mit ansehen, wie er seine Pferde **schindet**. *Ich kann nicht mit ansehen, wie er seine Pferde **quält**.*

Sie **wurden geschunden**, vertrieben und ermordet. *Sie **wurden misshandelt**, vertrieben und ermordet.*

Mit seinem Porsche konnte er bei ihr Eindruck **schinden**. *Mit seinem Porsche konnte er sich bei ihr Eindruck **verschaffen**.*

Für dieses Haus **haben** sie **sich** sehr **geschunden**. *Für dieses Haus **haben** sie sich sehr **abgerackert**.*

„❝ Redewendungen

Eindruck schinden *mit allen Mitteln versuchen, jmdn. zu beeindrucken*

Mitleid schinden *mit allen Mitteln versuchen, Mitleid zu erwecken*

Zeit schinden *auf unfaire Weise versuchen, Zeit zu gewinnen*

◑ Ähnliche Verben

misshandeln   abschinden

quälen

erzielen

sich verschaffen

sich abmühen

sich abplagen

⚡ Aufgepasst!

Beim Verb schinden kommen im Präteritum und im Konjunktiv II zwei Formen vor, nämlich einerseits schindete/schindete und andererseits die seltenere unregelmäßige Form schund/schünde. Für das Partizip II gibt es aber nur die unregelmäßige Form geschunden.

Da das Verb schinden auf -den endet, wird im Präsens Indikativ in der 2. und 3. Person Singular und der 2. Person Plural sowie bei den regelmäßigen Präteritumformen ein -e eingeschoben.

✎ Anmerkungen:

52 schmelzen

Stammvokalwechsel e → o → o

Indikativ

Präsens
ich	schmelze
du	schmilzt
er	schmilzt
wir	schmelzen
ihr	schmelzt
sie	schmelzen

Perfekt
ich	bin	geschmolzen
du	bist	geschmolzen
er	ist	geschmolzen
wir	sind	geschmolzen
ihr	seid	geschmolzen
sie	sind	geschmolzen

Futur I
ich	werde	schmelzen
du	wirst	schmelzen
er	wird	schmelzen
wir	werden	schmelzen
ihr	werdet	schmelzen
sie	werden	schmelzen

Präteritum
ich	schmolz
du	schmolzest
er	schmolz
wir	schmolzen
ihr	schmolz(e)t
sie	schmolzen

Plusquamperfekt
ich	war	geschmolzen
du	warst	geschmolzen
er	war	geschmolzen
wir	waren	geschmolzen
ihr	wart	geschmolzen
sie	waren	geschmolzen

Futur II
ich	werde	geschmolzen	sein
du	wirst	geschmolzen	sein
er	wird	geschmolzen	sein
wir	werden	geschmolzen	sein
ihr	werdet	geschmolzen	sein
sie	werden	geschmolzen	sein

Konjunktiv

Konjunktiv I
ich	schmelze
du	schmelzest
er	schmelze
wir	schmelzen
ihr	schmelzet
sie	schmelzen

Perfekt
ich	sei	geschmolzen
du	sei(e)st	geschmolzen
er	sei	geschmolzen
wir	seien	geschmolzen
ihr	sei(e)t	geschmolzen
sie	seien	geschmolzen

Futur I
ich	werde	schmelzen
du	werdest	schmelzen
er	werde	schmelzen
wir	werden	schmelzen
ihr	werdet	schmelzen
sie	werden	schmelzen

Konjunktiv II
ich	schmölze
du	schmölzest
er	schmölze
wir	schmölzen
ihr	schmölzet
sie	schmölzen

Plusquamperfekt
ich	wäre	geschmolzen
du	wär(e)st	geschmolzen
er	wäre	geschmolzen
wir	wären	geschmolzen
ihr	wär(e)t	geschmolzen
sie	wären	geschmolzen

Futur II
ich	werde	geschmolzen	sein
du	werdest	geschmolzen	sein
er	werde	geschmolzen	sein
wir	werden	geschmolzen	sein
ihr	werdet	geschmolzen	sein
sie	werden	geschmolzen	sein

Infinitiv
Perfekt
geschmolzen sein

Partizip
Partizip I
schmelzend
Partizip II
geschmolzen

Imperativ
schmilz
schmelzen wir
schmelzt
schmelzen Sie

▶ Anwendungsbeispiele

Die Praline **schmilzt** auf der Zunge. *Die Praline **zergeht** auf der Zunge.*
Die Kinder bedauern, dass der Schnee so schnell **geschmolzen ist**. *Die Kinder bedauern, dass der Schnee so schnell **weggetaut ist**.*
Das Metall **wird geschmolzen** und dann weiterverarbeitet. *Das Metall **wird verflüssigt** und dann weiterverarbeitet.*
Hätten sie keine Maßnahmen ergriffen, **schmölze** ihr Gewinn jetzt dahin. *Hätten sie keine Maßnahmen ergriffen, **würde sich** ihr Gewinn jetzt **verringern**.*

„ " Redewendungen

schmelzen wie Butter/Schnee an der Sonne *schnell aufgebraucht werden*
jmdm. unter den Händen schmelzen *laufend weniger werden*

◀▶ Ähnliche Verben

sich auflösen
(auf)tauen
(weg)tauen
zerfließen
zerrinnen
zerlassen
verflüssigen
schrumpfen
sich verringern
zurückgehen

abschmelzen
einschmelzen
verschmelzen
zerschmelzen

⚡ Aufgepasst!

Beim Verb schmelzen kommt es im Präsens Indikativ bei der 2. und 3. Person Singular zu einem Stammvokalwechsel von -e zu -i. Bei der 2. Person Singular fällt heutzutage das -s der Personalendung -st weg → du schmilzt. In älteren Texten ist aber noch die ursprüngliche Form du schmelzest zu finden.
In der 2. Person Singular Präteritum wird ein -e eingeschoben.

⚠ Tipps & Tricks

Überlegen Sie, in welchen Situationen Sie ein Verb häufig benutzen, und bilden Sie Sätze, um sich die unregelmäßigen Formen zu merken:
Der Schnee **ist geschmolzen**.
Das Eis **schmilzt** in der Sonne.

✎ Anmerkungen:

(53) schreien

Stammvokalwechsel ei → ie → ie

Indikativ

Präsens
ich	schreie
du	schreist
er	schreit
wir	schreien
ihr	schreit
sie	schreien

Perfekt
ich	habe	geschrien
du	hast	geschrien
er	hat	geschrien
wir	haben	geschrien
ihr	habt	geschrien
sie	haben	geschrien

Futur I
ich	werde	schreien
du	wirst	schreien
er	wird	schreien
wir	werden	schreien
ihr	werdet	schreien
sie	werden	schreien

Präteritum
ich	schrie
du	schriest
er	schrie
wir	schrien
ihr	schriet
sie	schrien

Plusquamperfekt
ich	hatte	geschrien
du	hattest	geschrien
er	hatte	geschrien
wir	hatten	geschrien
ihr	hattet	geschrien
sie	hatten	geschrien

Futur II
ich	werde	geschrien	haben
du	wirst	geschrien	haben
er	wird	geschrien	haben
wir	werden	geschrien	haben
ihr	werdet	geschrien	haben
sie	werden	geschrien	haben

Konjunktiv

Konjunktiv I
ich	schreie
du	schreiest
er	schreie
wir	schreien
ihr	schreiet
sie	schreien

Perfekt
ich	habe	geschrien
du	habest	geschrien
er	habe	geschrien
wir	haben	geschrien
ihr	habet	geschrien
sie	haben	geschrien

Futur I
ich	werde	schreien
du	werdest	schreien
er	werde	schreien
wir	werden	schreien
ihr	werdet	schreien
sie	werden	schreien

Konjunktiv II
ich	schriee
du	schrieest
er	schriee
wir	schrieen
ihr	schrieet
sie	schrieen

Plusquamperfekt
ich	hätte	geschrien
du	hättest	geschrien
er	hätte	geschrien
wir	hätten	geschrien
ihr	hättet	geschrien
sie	hätten	geschrien

Futur II
ich	werde	geschrien	haben
du	werdest	geschrien	haben
er	werde	geschrien	haben
wir	werden	geschrien	haben
ihr	werdet	geschrien	haben
sie	werden	geschrien	haben

Infinitiv
Perfekt
geschrien haben

Partizip
Partizip I
schreiend
Partizip II
geschrien

Imperativ
schrei(e)
schreien wir
schreit
schreien Sie

▶ Anwendungsbeispiele

Das Baby **schrie vor** Hunger/Wut/Schmerzen. *Das Baby **brüllte vor** Hunger/Wut/Schmerzen.*
Sie **schrie** laut **aus** Angst vor der Spinne. *Sie **kreischte** laut **aus** Angst vor der Spinne.*
Auf der Straße **schrie** ein Mann **um** Hilfe. *Auf der Straße **rief** ein Mann **um** Hilfe.*
Die Webseite **schreit nach** einem neuen Design. *Die Webseite **braucht dringend** ein neues Design.*
Das Kind **schreit nach** seiner Mutter. *Das Kind **ruft** (laut) **nach** seiner Mutter.*
Der Witz war wirklich **zum Schreien**. *Der Witz war **sehr lustig**.*

❝ Redewendungen

schreien wie am Spieß *durchdringend und laut schreien*
sich die Kehle/Lunge/Seele aus dem Hals schreien *anhaltend und laut schreien*
sich heiser schreien *schreien, bis die Stimme versagt*
zum Himmel schreien *ungerecht sein*

▤ Ähnliche Verben

rufen
brüllen
grölen (umgs.)
johlen
kreischen

jmdn./sich anschreien
aufschreien
losschreien
herumschreien
etw. beschreien

⚡ Aufgepasst!

Beim Verb schreien entfällt im Präteritum ein -e im Plural:
wir schrie + -en = schrieen → schrien.
Die Schreibweise mit zwei -e ist veraltet, auch wenn das zweite -e häufig noch ausgesprochen wird.
Ein weiteres Verb dieser Konjugation ist das Verb speien (veraltet für *spucken, sich übergeben*). Auch bei speien entfällt das -e im Präteritum Plural.

✎ Anmerkungen:

(54) schwören

Stammvokalwechsel ö → o → o

Indikativ

Präsens
ich	schwöre
du	schwörst
er	schwört
wir	schwören
ihr	schwört
sie	schwören

Perfekt
ich	habe	geschworen
du	hast	geschworen
er	hat	geschworen
wir	haben	geschworen
ihr	habt	geschworen
sie	haben	geschworen

Futur I
ich	werde	schwören
du	wirst	schwören
er	wird	schwören
wir	werden	schwören
ihr	werdet	schwören
sie	werden	schwören

Präteritum
ich	schwor
du	schworst
er	schwor
wir	schworen
ihr	schwort
sie	schworen

Plusquamperfekt
ich	hatte	geschworen
du	hattest	geschworen
er	hatte	geschworen
wir	hatten	geschworen
ihr	hattet	geschworen
sie	hatten	geschworen

Futur II
ich	werde	geschworen	haben
du	wirst	geschworen	haben
er	wird	geschworen	haben
wir	werden	geschworen	haben
ihr	werdet	geschworen	haben
sie	werden	geschworen	haben

Konjunktiv

Konjunktiv I
ich	schwöre
du	schwörest
er	schwöre
wir	schwören
ihr	schwöret
sie	schwören

Perfekt
ich	habe	geschworen
du	habest	geschworen
er	habe	geschworen
wir	haben	geschworen
ihr	habet	geschworen
sie	haben	geschworen

Futur I
ich	werde	schwören
du	werdest	schwören
er	werde	schwören
wir	werden	schwören
ihr	werdet	schwören
sie	werden	schwören

Konjunktiv II
ich	schwöre
du	schwörest
er	schwöre
wir	schwören
ihr	schwöret
sie	schwören

Plusquamperfekt
ich	hätte	geschworen
du	hättest	geschworen
er	hätte	geschworen
wir	hätten	geschworen
ihr	hättet	geschworen
sie	hätten	geschworen

Futur II
ich	werde	geschworen	haben
du	werdest	geschworen	haben
er	werde	geschworen	haben
wir	werden	geschworen	haben
ihr	werdet	geschworen	haben
sie	werden	geschworen	haben

Infinitiv
Perfekt
geschworen haben

Partizip
Partizip I
schwörend
Partizip II
geschworen

Imperativ
schwör(e)
schwören wir
schwört
schwören Sie

▶ Anwendungsbeispiele

Vor Gericht **schwören** die Zeugen mit erhobener Hand. *Vor Gericht leisten die Zeugen mit erhobener Hand einen Eid.*

Sie **schworen**, dass sie zurückkommen würden. *Sie beteuerten, dass sie zurückkommen würden.*

Er hätte **schwören** können, dass sie es war. *Er hätte die Hand darauf geben können, dass sie es war.*

Sie **hat sich geschworen**, nie wieder so viel Alkohol zu trinken. *Sie hat sich entschlossen, nie wieder so viel Alkohol zu trinken.*

,, Redewendungen

einen Eid schwören *vor Gericht geloben, dass man die Wahrheit sagt*

einen Meineid schwören *eine Lüge erzählen, obwohl man geschworen hat, dass man die Wahrheit sagt*

Stein und Bein schwören *etw. mit Nachdruck versichern*

tausend Eide schwören *sehr nachdrücklich versichern*

◀▶ Ähnliche Verben

beeiden

geloben

sich verpflichten

beteuern

versichern

sich entschließen

vorhaben

abschwören

beschwören

verschwören

⚡ Aufgepasst!

Beim Verb schwören gibt es im Präteritum und Konjunktiv II zwei Formen. Beide Formen sind unregelmäßig: schwor/schwur im Präteritum bzw. schwöre/schwüre im Konjunktiv II. Die Formen schwur und schwüre werden heutzutage jedoch sehr selten gebraucht.

✎ Anmerkungen:

55 sehen

Stammvokalwechsel e → a → e

Indikativ

Präsens		
ich	sehe	
du	siehst	
er	sieht	
wir	sehen	
ihr	seht	
sie	sehen	

Perfekt		
ich	habe	gesehen
du	hast	gesehen
er	hat	gesehen
wir	haben	gesehen
ihr	habt	gesehen
sie	haben	gesehen

Futur I		
ich	werde	sehen
du	wirst	sehen
er	wird	sehen
wir	werden	sehen
ihr	werdet	sehen
sie	werden	sehen

Präteritum		
ich	sah	
du	sahst	
er	sah	
wir	sahen	
ihr	saht	
sie	sahen	

Plusquamperfekt		
ich	hatte	gesehen
du	hattest	gesehen
er	hatte	gesehen
wir	hatten	gesehen
ihr	hattet	gesehen
sie	hatten	gesehen

Futur II			
ich	werde	gesehen	haben
du	wirst	gesehen	haben
er	wird	gesehen	haben
wir	werden	gesehen	haben
ihr	werdet	gesehen	haben
sie	werden	gesehen	haben

Konjunktiv

Konjunktiv I		
ich	sehe	
du	sehest	
er	sehe	
wir	sehen	
ihr	sehet	
sie	sehen	

Perfekt		
ich	habe	gesehen
du	habest	gesehen
er	habe	gesehen
wir	haben	gesehen
ihr	habet	gesehen
sie	haben	gesehen

Futur I		
ich	werde	sehen
du	werdest	sehen
er	werde	sehen
wir	werden	sehen
ihr	werdet	sehen
sie	werden	sehen

Konjunktiv II		
ich	sähe	
du	sähest	
er	sähe	
wir	sähen	
ihr	sähet	
sie	sähen	

Plusquamperfekt		
ich	hätte	gesehen
du	hättest	gesehen
er	hätte	gesehen
wir	hätten	gesehen
ihr	hättet	gesehen
sie	hätten	gesehen

Futur II			
ich	werde	gesehen	haben
du	werdest	gesehen	haben
er	werde	gesehen	haben
wir	werden	gesehen	haben
ihr	werdet	gesehen	haben
sie	werden	gesehen	haben

Infinitiv

Perfekt

gesehen haben

Partizip

Partizip I

sehend

Partizip II

gesehen

Imperativ

sieh

sehen wir

seht

sehen Sie

▶ Anwendungsbeispiele

Bei gutem Wetter kann man von hier aus das Meer **sehen**. *Bei gutem Wetter kann man von hier aus das Meer **erblicken**.*
Ich **habe** gestern deinen Vater **gesehen**! *Ich **bin** gestern deinem Vater **begegnet**.*
Du darfst das nicht so verbissen **sehen**. *Du darfst das nicht so verbissen **nehmen**.*
Wir müssen **sehen**, ob wir Zeit haben. *Wir müssen **überlegen**, ob wir Zeit haben.*
Er **sah** den Fehler sofort. *Er **entdeckte** den Fehler sofort.*

,," Redewendungen

Gespenster sehen *sich etw. einbilden*
schwarzsehen *das Schlimmste befürchten*
Licht am Horizont sehen *Anzeichen für Besserung erkennen*
jmdm. in die Karten sehen *jmds. Plan durchschauen*
den Tatsachen ins Auge sehen *die Realität erkennen*
den Wald vor lauter Bäumen nicht sehen *das Offensichtliche nicht sehen*

▨ Ähnliche Verben

blicken
gucken (umgs.)
schauen
(be)merken
wahrnehmen
erblicken
entdecken
betrachten
überlegen

absehen
ansehen
aussehen
einsehen
fernsehen
übersehen
versehen
vorsehen
zusehen

⚡ Aufgepasst!

Beim Verb sehen kommt es im Präsens Indikativ bei der 2. und 3. Person Singular zu einem Stammvokalwechsel von -e zu -ie → du siehst, er sieht. Hier wird das -h nicht ausgesprochen, bei allen anderen Formen wird es gesprochen.

✎ Anmerkungen:

56 sieden

Stammvokalwechsel ie → o → o

Indikativ

Präsens

ich	siede
du	siedest
er	siedet
wir	sieden
ihr	siedet
sie	sieden

Perfekt

ich	habe	gesotten
du	hast	gesotten
er	hat	gesotten
wir	haben	gesotten
ihr	habt	gesotten
sie	haben	gesotten

Futur I

ich	werde	sieden
du	wirst	sieden
er	wird	sieden
wir	werden	sieden
ihr	werdet	sieden
sie	werden	sieden

Präteritum

ich	sott/siedete
du	sottest/siedetest
er	sott/siedete
wir	sotten/siedeten
ihr	sottet/siedetet
sie	sotten/siedeten

Plusquamperfekt

ich	hatte	gesotten
du	hattest	gesotten
er	hatte	gesotten
wir	hatten	gesotten
ihr	hattet	gesotten
sie	hatten	gesotten

Futur II

ich	werde	gesotten	haben
du	wirst	gesotten	haben
er	wird	gesotten	haben
wir	werden	gesotten	haben
ihr	werdet	gesotten	haben
sie	werden	gesotten	haben

Konjunktiv

Konjunktiv I

ich	siede
du	siedest
er	siede
wir	sieden
ihr	siedet
sie	sieden

Perfekt

ich	habe	gesotten
du	habest	gesotten
er	habe	gesotten
wir	haben	gesotten
ihr	habet	gesotten
sie	haben	gesotten

Futur I

ich	werde	sieden
du	werdest	sieden
er	werde	sieden
wir	werden	sieden
ihr	werdet	sieden
sie	werden	sieden

Konjunktiv II

ich	sötte
du	söttest
er	sötte
wir	sötten
ihr	söttet
sie	sötten

Plusquamperfekt

ich	hätte	gesotten
du	hättest	gesotten
er	hätte	gesotten
wir	hätten	gesotten
ihr	hättet	gesotten
sie	hätten	gesotten

Futur II

ich	werde	gesotten	haben
du	werdest	gesotten	haben
er	werde	gesotten	haben
wir	werden	gesotten	haben
ihr	werdet	gesotten	haben
sie	werden	gesotten	haben

Infinitiv

Perfekt

gesotten haben

Partizip

Partizip I

siedend

Partizip II

gesotten

Imperativ

sied(e)

sieden wir

siedet

sieden Sie

▶ Anwendungsbeispiele

Sie hat das Wasser **sieden** lassen. *Sie hat das Wasser **kochen** lassen.*
Wasser **siedet** bei 100 °C. *Wasser **kocht** bei 100 °C.*
Der Fisch kann gebraten, **gesotten,** gedämpft oder gegrillt **werden.** *Der Fisch kann gebraten **gegart**, gedämpft oder gegrillt **werden.***
Nach seiner Kündigung **siedete** er vor Wut. *Nach seiner Kündigung **war** er **sehr zornig**.*

„" Sprichwörter

Es/Er taugt weder zu sieden noch zu braten. *Es/Er ist zu nichts zu gebrauchen.*
Gesottenem Fisch hilft das Wasser nichts. *Dafür ist es jetzt zu spät.*

◑ Ähnliche Verben

abbrühen   einsieden
brodeln
dünsten
köcheln
kochen
sprudeln
garen
simmern

⚡ Gebrauch

Heutzutage werden die unregelmäßigen Formen von sieden nur noch selten verwendet. Man benutzt diese Formen meist nur noch, wenn es um die Zubereitung von Speisen geht. Sieden bedeutet in diesem Zusammenhang, unfertige Speisen in reichlich Flüssigkeit gar zu kochen: Er hat die Eier gesotten. Aber auch hier wird häufiger das Verb kochen verwendet.
Wenn es aber um die fachsprachliche Verwendung, d. h. um die Verwandlung von Flüssigkeit zu Dampf geht, kommen nur noch die regelmäßigen Formen vor: Essigsäure siedet bei 118 °C.

⚠ Tipps & Tricks

Lernen Sie die Konjugation von schwierigen Verben, indem Sie würfeln und je nach Augenzahl die Verbform der 1., 2. usw. Person Singular bzw. Plural nennen.

✎ Anmerkungen:

(57) singen

Stammvokalwechsel i → a → u

Indikativ

Präsens		Perfekt			Futur I		
ich	singe	ich	habe	gesungen	ich	werde	singen
du	singst	du	hast	gesungen	du	wirst	singen
er	singt	er	hat	gesungen	er	wird	singen
wir	singen	wir	haben	gesungen	wir	werden	singen
ihr	singt	ihr	habt	gesungen	ihr	werdet	singen
sie	singen	sie	haben	gesungen	sie	werden	singen

Präteritum		Plusquamperfekt			Futur II			
ich	sang	ich	hatte	gesungen	ich	werde	gesungen	haben
du	sang(e)st	du	hattest	gesungen	du	wirst	gesungen	haben
er	sang	er	hatte	gesungen	er	wird	gesungen	haben
wir	sangen	wir	hatten	gesungen	wir	werden	gesungen	haben
ihr	sang(e)t	ihr	hattet	gesungen	ihr	werdet	gesungen	haben
sie	sangen	sie	hatten	gesungen	sie	werden	gesungen	haben

Konjunktiv

Konjunktiv I		Perfekt			Futur I		
ich	singe	ich	habe	gesungen	ich	werde	singen
du	singest	du	habest	gesungen	du	werdest	singen
er	singe	er	habe	gesungen	er	werde	singen
wir	singen	wir	haben	gesungen	wir	werden	singen
ihr	singet	ihr	habet	gesungen	ihr	werdet	singen
sie	singen	sie	haben	gesungen	sie	werden	singen

Konjunktiv II		Plusquamperfekt			Futur II			
ich	sänge	ich	hätte	gesungen	ich	werde	gesungen	haben
du	sängest	du	hättest	gesungen	du	werdest	gesungen	haben
er	sänge	er	hätte	gesungen	er	werde	gesungen	haben
wir	sängen	wir	hätten	gesungen	wir	werden	gesungen	haben
ihr	sänget	ihr	hättet	gesungen	ihr	werdet	gesungen	haben
sie	sängen	sie	hätten	gesungen	sie	werden	gesungen	haben

Infinitiv

Perfekt

gesungen haben

Partizip

Partizip I

singend

Partizip II

gesungen

Imperativ

sing(e)

singen wir

singt

singen Sie

▶ Anwendungsbeispiele

Die Kinder **sangen** in der Adventszeit viele Weihnachtslieder. *Die Kinder trällerten in der Adventszeit viele Weihnachtslieder.*
Die Vögel **singen** am Morgen sehr laut. *Die Vögel zwitschern am Morgen sehr laut.*
Das Kind **wurde** von seiner Mutter in den Schlaf **gesungen**. *Das Kind wurde von seiner Mutter in den Schlaf gesummt.*
Der Täter wurde gefasst, denn sein Komplize **hat gesungen**. *Der Täter wurde gefasst, denn sein Komplize hat gestanden.*

„" Redewendungen

ein Loblied auf jmdn. singen *jmdn. vor anderen sehr loben*
von etw. ein Lied(chen) singen können *über etw. aus eigener unangenehmer Erfahrung berichten können*
die Engel im Himmel singen hören *sehr starke Schmerzen haben*
aus voller Lunge singen *sehr laut singen*

♫ Ähnliche Verben

jodeln	ansingen
trällern	besingen
pfeifen	einsingen
trillern	mitsingen
zwitschern	nachsingen
ausplaudern	vorsingen
verraten	
gestehen	

⚡ Aufgepasst!

Beim Verb singen kann im Präteritum in der 2. Person Singular und Plural ein **-e** eingeschoben werden. Diese Formen finden sich häufig in Liedern und Gedichten. In der gesprochenen Sprache sind sie selten.

✎ Anmerkungen:

58 sollen

Indikativ

Präsens

ich	soll
du	sollst
er	soll
wir	sollen
ihr	sollt
sie	sollen

Perfekt

ich	habe	gesollt
du	hast	gesollt
er	hat	gesollt
wir	haben	gesollt
ihr	habt	gesollt
sie	haben	gesollt

Futur I

ich	werde	sollen
du	wirst	sollen
er	wird	sollen
wir	werden	sollen
ihr	werdet	sollen
sie	werden	sollen

Präteritum

ich	sollte
du	solltest
er	sollte
wir	sollten
ihr	solltet
sie	sollten

Plusquamperfekt

ich	hatte	gesollt
du	hattest	gesollt
er	hatte	gesollt
wir	hatten	gesollt
ihr	hattet	gesollt
sie	hatten	gesollt

Futur II

ich	werde	gesollt	haben
du	wirst	gesollt	haben
er	wird	gesollt	haben
wir	werden	gesollt	haben
ihr	werdet	gesollt	haben
sie	werden	gesollt	haben

Konjunktiv

Konjunktiv I

ich	solle
du	sollest
er	solle
wir	sollen
ihr	sollet
sie	sollen

Perfekt

ich	habe	gesollt
du	habest	gesollt
er	habe	gesollt
wir	haben	gesollt
ihr	habet	gesollt
sie	haben	gesollt

Futur I

ich	werde	sollen
du	werdest	sollen
er	werde	sollen
wir	werden	sollen
ihr	werdet	sollen
sie	werden	sollen

Konjunktiv II

ich	sollte
du	solltest
er	sollte
wir	sollten
ihr	solltet
sie	sollten

Plusquamperfekt

ich	hätte	gesollt
du	hättest	gesollt
er	hätte	gesollt
wir	hätten	gesollt
ihr	hättet	gesollt
sie	hätten	gesollt

Futur II

ich	werde	gesollt	haben
du	werdest	gesollt	haben
er	werde	gesollt	haben
wir	werden	gesollt	haben
ihr	werdet	gesollt	haben
sie	werden	gesollt	haben

Infinitiv

Perfekt

gesollt haben

Partizip

Partizip I

sollend

Partizip II

gesollt

Imperativ

–
–
–
–

▶ Anwendungsbeispiele

Ich **soll** die Tabletten 3x täglich nehmen. *Ich **muss** die Tabletten 3x täglich nehmen.*

Sollen wir die Hausaufgaben für morgen gemeinsam machen? *Möchtest du, dass wir die Hausaufgaben für morgen gemeinsam machen?*

Du **solltest** häufiger zum Sport gehen. *Es wäre besser, wenn du häufiger zum Sport gingest.*

Er **soll** im Lotto gewonnen haben. *Ich habe gehört, dass er im Lotto gewonnen hat.*

,, Sprichwörter

Einen alten Baum soll man nicht verpflanzen. *Einen alten Menschen soll man nicht aus seiner gewohnten Umgebung reißen.*

Reisende soll man nicht aufhalten. *Jemanden, der einen Ort verlassen will, soll man nicht zurückhalten.*

Man soll den Tag nicht vor dem Abend loben. *Von anfänglichem Erfolg/Glück soll man sich nicht in Sicherheit wiegen lassen.*

◐ Ähnliche Verben

müssen
mögen
wollen
können

⚡ Gebrauch

Das Verb sollen gehört zu den Modalverben (▷ Grammatik rund ums Verb, 1.3) und verbindet sich mit einem Vollverb, das im Infinitiv am Ende des Satzes steht. Das Verb sollen wird verwendet, wenn man ausdrücken möchte, dass es um eine Verpflichtung oder Aufgabe geht, die oft von einer anderen Person auferlegt wurde. Mit sollen im Konjunktiv II drückt man einen irrealen Wunsch oder eine höfliche Aufforderung oder einen Ratschlag aus.

✎ Anmerkungen:

59 stehen

Stammvokalwechsel e → a → a

Indikativ

Präsens
ich stehe
du stehst
er steht
wir stehen
ihr steht
sie stehen

Perfekt
ich habe gestanden
du hast gestanden
er hat gestanden
wir haben gestanden
ihr habt gestanden
sie haben gestanden

Futur I
ich werde stehen
du wirst stehen
er wird stehen
wir werden stehen
ihr werdet stehen
sie werden stehen

Präteritum
ich stand
du stand(e)st
er stand
wir standen
ihr standet
sie standen

Plusquamperfekt
ich hatte gestanden
du hattest gestanden
er hatte gestanden
wir hatten gestanden
ihr hattet gestanden
sie hatten gestanden

Futur II
ich werde gestanden haben
du wirst gestanden haben
er wird gestanden haben
wir werden gestanden haben
ihr werdet gestanden haben
sie werden gestanden haben

Konjunktiv

Konjunktiv I
ich stehe
du stehest
er stehe
wir stehen
ihr stehet
sie stehen

Perfekt
ich habe gestanden
du habest gestanden
er habe gestanden
wir haben gestanden
ihr habet gestanden
sie haben gestanden

Futur I
ich werde stehen
du werdest stehen
er werde stehen
wir werden stehen
ihr werdet stehen
sie werden stehen

Konjunktiv II
ich stünde/stände
du stündest/ständest
er stünde/stände
wir stünden/ständen
ihr stündet/ständet
sie stünden/ständen

Plusquamperfekt
ich hätte gestanden
du hättest gestanden
er hätte gestanden
wir hätten gestanden
ihr hättet gestanden
sie hätten gestanden

Futur II
ich werde gestanden haben
du werdest gestanden haben
er werde gestanden haben
wir werden gestanden haben
ihr werdet gestanden haben
sie werden gestanden haben

Infinitiv

Perfekt
gestanden haben/sein

Partizip

Partizip I
stehend

Partizip II
gestanden

Imperativ
steh(e)
stehen wir
steht
stehen Sie

▶ Anwendungsbeispiele

Das Buch, das du suchst, **steht** links im Regal. *Das Buch, das du suchst, befindet sich links im Regal.*
Was **steht** denn auf dem Plan? *Was ist denn auf dem Plan geschrieben?*
Bis November muss das Gebäude **stehen**. *Bis November muss das Gebäude fertig sein.*
Der Hut **stand** ihr sehr gut. *Der Hut passte gut zu ihr.*
Auf Mord **steht** die Höchststrafe. *Auf Mord gibt es die Höchststrafe.*
Er **hat** immer zu seinem Wort **gestanden**. *Er hat sich immer zu seinem Wort bekannt.*

,, Redewendungen

bis hier/da oben stehen *etw. nicht mehr ertragen können*
auf dem Spiel stehen *in Gefahr sein*
im Vordergrund stehen *Priorität haben*
vor dem Nichts stehen *alles verloren haben*
sich die Beine in den Bauch stehen *sehr lange irgendwo warten müssen*

≠ Ähnliche Verben

lehnen
sich aufhalten
sich befinden
sein
aussetzen
passen

anstehen
aufstehen
ausstehen
bestehen
beistehen
vorstehen

⚡ Aufgepasst!

In Süddeutschland, der Schweiz und Österreich wird das Perfekt und Plusquamperfekt von stehen mit dem Hilfsverb sein gebildet.
Im Konjunktiv II gibt es zwei Formen: er stünde/er stände. Allerdings ist die ältere Form er stünde gebräuchlicher.

❗ Tipps & Tricks

Von dem Verb stehen lassen sich viele Wörter ableiten, nicht nur Verben mit Präfixen. Lernen Sie in Wortfamilien: **Stand**, Ver**stand**, Be**stand**, **Steh**lampe, **Steh**empfang, **Steh**kragen usw.

✎ Anmerkungen:

60 stoßen

Stammvokalwechsel o → ie → o

Indikativ

Präsens
ich	stoße
du	stößt
er	stößt
wir	stoßen
ihr	stoßt
sie	stoßen

Perfekt
ich	habe	gestoßen
du	hast	gestoßen
er	hat	gestoßen
wir	haben	gestoßen
ihr	habt	gestoßen
sie	haben	gestoßen

Futur I
ich	werde	stoßen
du	wirst	stoßen
er	wird	stoßen
wir	werden	stoßen
ihr	werdet	stoßen
sie	werden	stoßen

Präteritum
ich	stieß
du	stießest
er	stieß
wir	stießen
ihr	stieß(e)t
sie	stießen

Plusquamperfekt
ich	hatte	gestoßen
du	hattest	gestoßen
er	hatte	gestoßen
wir	hatten	gestoßen
ihr	hattet	gestoßen
sie	hatten	gestoßen

Futur II
ich	werde	gestoßen	haben
du	wirst	gestoßen	haben
er	wird	gestoßen	haben
wir	werden	gestoßen	haben
ihr	werdet	gestoßen	haben
sie	werden	gestoßen	haben

Konjunktiv

Konjunktiv I
ich	stoße
du	stoßest
er	stoße
wir	stoßen
ihr	stoßet
sie	stoßen

Perfekt
ich	habe	gestoßen
du	habest	gestoßen
er	habe	gestoßen
wir	haben	gestoßen
ihr	habet	gestoßen
sie	haben	gestoßen

Futur I
ich	werde	stoßen
du	werdest	stoßen
er	werde	stoßen
wir	werden	stoßen
ihr	werdet	stoßen
sie	werden	stoßen

Konjunktiv II
ich	stieße
du	stießest
er	stieße
wir	stießen
ihr	stießet
sie	stießen

Plusquamperfekt
ich	hätte	gestoßen
du	hättest	gestoßen
er	hätte	gestoßen
wir	hätten	gestoßen
ihr	hättet	gestoßen
sie	hätten	gestoßen

Futur II
ich	werde	gestoßen	haben
du	werdest	gestoßen	haben
er	werde	gestoßen	haben
wir	werden	gestoßen	haben
ihr	werdet	gestoßen	haben
sie	werden	gestoßen	haben

Infinitiv

Perfekt
gestoßen haben/sein

Partizip

Partizip I
stoßend

Partizip II
gestoßen

Imperativ
stoß(e)
stoßen wir
stoßt
stoßen Sie

▶ Anwendungsbeispiele

Sie **ist** mit dem Fuß gegen das Tischbein **gestoßen**. *Sie ist mit dem Fuß gegen das Tischbein geprallt.*

Er **stieß** sie absichtlich in den Pool. *Er schubste sie absichtlich in den Pool.*

Ich **bin** zufällig auf dieses Antiquariat **gestoßen**. *Ich habe zufällig dieses Antiquariat entdeckt.*

Der Minister **stößt** mit seinem Vorhaben auf Widerstand. *Der Minister trifft mit seinem Vorhaben unerwartet auf Gegenwehr.*

🗨 Redewendungen

an seine Grenzen stoßen *überfordert werden*

auf taube Ohren stoßen *ignoriert werden*

jmdm. vor den Kopf stoßen *jmdn. kränken, brüskieren, unhöflich behandeln*

jmdm. mit der Nase auf etw. stoßen *jmdn. deutlich auf etw. hinweisen*

Ähnliche Verben

prallen

schlagen

antreffen

begegnen

vorfinden

sich anschließen

abstoßen

anstoßen

nachstoßen

umstoßen

verstoßen

vorstoßen

⚡ Gebrauch

Wenn das Verb stoßen reflexiv oder mit einem direkten Akkusativobjekt gebraucht wird, wird das Perfekt und Plusquamperfekt mit dem Hilfsverb haben gebildet:

Ich **habe** mir den Kopf gestoßen.

Steht das Verb zusammen mit einem Präpositionalobjekt im Akkusativ (an, auf, gegen) verwendet man das Hilfsverb sein:

Ich **bin** mit dem Kopf gegen die Wand gestoßen.

Sie **ist** auf ein Problem gestoßen.

✏ Anmerkungen:

(61) treffen

Stammvokalwechsel e → a → o

Indikativ

Präsens
ich	treffe
du	triffst
er	trifft
wir	treffen
ihr	trefft
sie	treffen

Perfekt
ich	habe	getroffen
du	hast	getroffen
er	hat	getroffen
wir	haben	getroffen
ihr	habt	getroffen
sie	haben	getroffen

Futur I
ich	werde	treffen
du	wirst	treffen
er	wird	treffen
wir	werden	treffen
ihr	werdet	treffen
sie	werden	treffen

Präteritum
ich	traf
du	trafst
er	traf
wir	trafen
ihr	traft
sie	trafen

Plusquamperfekt
ich	hatte	getroffen
du	hattest	getroffen
er	hatte	getroffen
wir	hatten	getroffen
ihr	hattet	getroffen
sie	hatten	getroffen

Futur II
ich	werde	getroffen	haben
du	wirst	getroffen	haben
er	wird	getroffen	haben
wir	werden	getroffen	haben
ihr	werdet	getroffen	haben
sie	werden	getroffen	haben

Konjunktiv

Konjunktiv I
ich	treffe
du	treffest
er	treffe
wir	treffen
ihr	treffet
sie	treffen

Perfekt
ich	habe	getroffen
du	habest	getroffen
er	habe	getroffen
wir	haben	getroffen
ihr	habet	getroffen
sie	haben	getroffen

Futur I
ich	werde	treffen
du	werdest	treffen
er	werde	treffen
wir	werden	treffen
ihr	werdet	treffen
sie	werden	treffen

Konjunktiv II
ich	träfe
du	träfest
er	träfe
wir	träfen
ihr	träfet
sie	träfen

Plusquamperfekt
ich	hätte	getroffen
du	hättest	getroffen
er	hätte	getroffen
wir	hätten	getroffen
ihr	hättet	getroffen
sie	hätten	getroffen

Futur II
ich	werde	getroffen	haben
du	werdest	getroffen	haben
er	werde	getroffen	haben
wir	werden	getroffen	haben
ihr	werdet	getroffen	haben
sie	werden	getroffen	haben

Infinitiv
Perfekt
getroffen haben

Partizip
Partizip I
treffend

Partizip II
getroffen

Imperativ
triff
treffen wir
trefft
treffen Sie

▶ Anwendungsbeispiele

Er **hat** ihn mit dem Schläger am Kopf **getroffen**. *Er hat ihn mit dem Schläger an den Kopf geschlagen.*

Im Supermarkt **traf** sie ihren alten Schulfreund. *Im Supermarkt begegnete sie ihrem alten Schulfreund.*

Für den Umzug **sind** alle Vorkehrungen **getroffen worden**. *Für den Umzug sind alle Vorkehrungen beschlossen und durchgeführt worden.*

Die Nachricht **wird** ihn schwer **treffen**. *Die Nachricht wird ihn sehr schockieren.*

99 Redewendungen

ins Schwarze treffen *das Richtige erkennen*

den Nagel auf den Kopf treffen *den Kernpunkt einer Sache in einer Äußerung prägnant erfassen*

jmdn. ins Herz treffen *jmdn. schmerzlich berühren*

Vorsorge treffen *für etw. Kommendes sorgen*

sich auf halbem Weg(e) treffen *sich auf einen Kompromiss einigen*

◀▷ Ähnliche Verben

auffinden	auftreffen
begegnen	betreffen
aufkommen	eintreffen
erfassen	übertreffen
schockieren	vortreffen
beschließen	zusammentreffen

⚡ Aufgepasst!

Im Präsens Indikativ gibt es bei der 2. und 3. Person Singular einen Vokalwechsel von -e zu -i (▷ Grammatik rund ums Verb, **1.1.1**).

Da sich der Stammvokal im Präteritum und Konjunktiv II von einem kurzen Vokal (treffen) zu einem langen Vokal (traf, träfe) ändert, entfällt ein -f. Im Deutschen steht normalerweise nach einem langen Vokal kein Doppelkonsonant.

✎ Anmerkungen:

62 trinken

Stammvokalwechsel i → a → u

Indikativ

Präsens
ich	trinke
du	trinkst
er	trinkt
wir	trinken
ihr	trinkt
sie	trinken

Perfekt
ich	habe	getrunken
du	hast	getrunken
er	hat	getrunken
wir	haben	getrunken
ihr	habt	getrunken
sie	haben	getrunken

Futur I
ich	werde	trinken
du	wirst	trinken
er	wird	trinken
wir	werden	trinken
ihr	werdet	trinken
sie	werden	trinken

Präteritum
ich	trank
du	trankst
er	trank
wir	tranken
ihr	trankt
sie	tranken

Plusquamperfekt
ich	hatte	getrunken
du	hattest	getrunken
er	hatte	getrunken
wir	hatten	getrunken
ihr	hattet	getrunken
sie	hatten	getrunken

Futur II
ich	werde	getrunken	haben
du	wirst	getrunken	haben
er	wird	getrunken	haben
wir	werden	getrunken	haben
ihr	werdet	getrunken	haben
sie	werden	getrunken	haben

Konjunktiv

Konjunktiv I
ich	trinke
du	trinkest
er	trinke
wir	trinken
ihr	trinket
sie	trinken

Perfekt
ich	habe	getrunken
du	habest	getrunken
er	habe	getrunken
wir	haben	getrunken
ihr	habet	getrunken
sie	haben	getrunken

Futur I
ich	werde	trinken
du	werdest	trinken
er	werde	trinken
wir	werden	trinken
ihr	werdet	trinken
sie	werden	trinken

Konjunktiv II
ich	tränke
du	tränkest
er	tränke
wir	tränken
ihr	tränket
sie	tränken

Plusquamperfekt
ich	hätte	getrunken
du	hättest	getrunken
er	hätte	getrunken
wir	hätten	getrunken
ihr	hättet	getrunken
sie	hätten	getrunken

Futur II
ich	werde	getrunken	haben
du	werdest	getrunken	haben
er	werde	getrunken	haben
wir	werden	getrunken	haben
ihr	werdet	getrunken	haben
sie	werden	getrunken	haben

Infinitiv

Perfekt
getrunken haben

Partizip

Partizip I
trinkend

Partizip II
getrunken

Imperativ
trink(e)
trinken wir
trinkt
trinken Sie

▶ Anwendungsbeispiele

Sie **trinkt** gern grünen Tee. *Sie nimmt gern grünen Tee zu sich.*
Man muss die heiße Suppe langsam **trinken**. *Man muss die heiße Suppe langsam zu sich nehmen.*
Auf dem Schützenfest **wird** viel **getrunken**. *Auf dem Schützenfest wird viel gesoffen.*
Wir **haben** gestern **auf** unsere Freundschaft **getrunken**. *Wir haben gestern auf unsere Freundschaft angestoßen.*

„" Redewendungen

auf ex trinken *das Glas in einem Zug leeren*
Brüderschaft trinken *die Duzfreundschaft mit einem Schluck Alkohol besiegeln*
einen trinken *etw. Alkoholisches trinken*
einen über den Durst trinken *zu viel Alkohol trinken*
Wasser predigen und Wein trinken *andere zu Genügsamkeit aufrufen, aber selber verschwenderisch leben*

◐ Ähnliche Verben

schlürfen	austrinken
hinunterstürzen (umgs.)	betrinken
hinunterspülen (umgs.)	ertrinken
saufen (umgs.)	mittrinken
bechern (umgs.)	wegtrinken
wegkippen (umgs.)	
zechen (umgs.)	

⚡ Gebrauch

Das Verb trinken impliziert häufig, dass es sich um den Konsum von alkoholischen Getränken handelt. Der kontextlose Satz „Ich habe gestern viel getrunken" wird von den meisten Deutschen interpretiert als „Ich habe gestern viel Alkohol getrunken".

⚡ Tipps & Tricks

Wie trinken werden auch folgende Verben konjugiert: gelingen, klingen, springen, stinken und zwingen. Bilden Sie Sätze mit den unregelmäßigen Formen: Das Lied **klang** wunderbar.

✎ Anmerkungen:

63 tun

Stammvokalwechsel u → a → a

Indikativ

Präsens
ich	tu(e)
du	tust
er	tut
wir	tun
ihr	tut
sie	tun

Perfekt
ich	habe	getan
du	hast	getan
er	hat	getan
wir	haben	getan
ihr	habt	getan
sie	haben	getan

Futur I
ich	werde	tun
du	wirst	tun
er	wird	tun
wir	werden	tun
ihr	werdet	tun
sie	werden	tun

Präteritum
ich	tat
du	tat(e)st
er	tat
wir	taten
ihr	tatet
sie	taten

Plusquamperfekt
ich	hatte	getan
du	hattest	getan
er	hatte	getan
wir	hatten	getan
ihr	hattet	getan
sie	hatten	getan

Futur II
ich	werde	getan	haben
du	wirst	getan	haben
er	wird	getan	haben
wir	werden	getan	haben
ihr	werdet	getan	haben
sie	werden	getan	haben

Konjunktiv

Konjunktiv I
ich	tue
du	tuest
er	tue
wir	tun
ihr	tuet
sie	tun

Perfekt
ich	habe	getan
du	habest	getan
er	habe	getan
wir	haben	getan
ihr	habet	getan
sie	haben	getan

Futur I
ich	werde	tun
du	werdest	tun
er	werde	tun
wir	werden	tun
ihr	werdet	tun
sie	werden	tun

Konjunktiv II
ich	täte
du	tätest
er	täte
wir	täten
ihr	tätet
sie	täten

Plusquamperfekt
ich	hätte	getan
du	hättest	getan
er	hätte	getan
wir	hätten	getan
ihr	hättet	getan
sie	hätten	getan

Futur II
ich	werde	getan	haben
du	werdest	getan	haben
er	werde	getan	haben
wir	werden	getan	haben
ihr	werdet	getan	haben
sie	werden	getan	haben

Infinitiv

Perfekt
getan haben

Partizip

Partizip I
tuend

Partizip II
getan

Imperativ

tu(e)
tun wir
tut
tun Sie

▶ Anwendungsbeispiele

Das **haben** wir doch gerne **getan**. *Das haben wir doch gerne gemacht.*
Ich habe diese Woche noch viel zu **tun**. *Ich habe diese Woche noch viel zu erledigen.*
Die Regierung **tat** nichts **gegen** die Korruption. *Die Regierung unternahm nichts gegen die Korruption.*
Tu das Geschirr in den Geschirrspüler! *Räum das Geschirr in den Geschirrspüler!*
Der Hund **tut** dir nichts. *Der Hund beißt dich nicht.*

„ Redewendungen

nur so tun *sich verstellen*
einer Sache keinen Abbruch tun *etw. nicht beeinträchtigen*
Abbitte tun *um Verzeihung bitten*
mit etw. zu tun haben *mit etw. zusammenhängen, sich mit etw. befassen*
mit etw. nichts zu tun haben *für etw. nicht zuständig sein*

◀▶ Ähnliche Verben

sich befassen
sich betätigen
machen
unternehmen
ausführen
verwirklichen
handeln
arbeiten

abtun
antun
vertun
wehtun

⚡ Aufgepasst!

Im Präteritum und im Konjunktiv II wird an den Stammvokal -a ein -t angehängt. Dadurch muss in der 2. Person Plural ein -e eingeschoben werden (**tatet**). In der 2. Person Singular kann ebenfalls ein -e eingeschoben werden. Das Verb (**tatest**) lässt sich dann leichter aussprechen.

✎ Anmerkungen:

64 verlieren

Stammvokalwechsel ie → o → o

Indikativ

Präsens
ich	verliere
du	verlierst
er	verliert
wir	verlieren
ihr	verliert
sie	verlieren

Perfekt
ich	habe	verloren
du	hast	verloren
er	hat	verloren
wir	haben	verloren
ihr	habt	verloren
sie	haben	verloren

Futur I
ich	werde	verlieren
du	wirst	verlieren
er	wird	verlieren
wir	werden	verlieren
ihr	werdet	verlieren
sie	werden	verlieren

Präteritum
ich	verlor
du	verlorst
er	verlor
wir	verloren
ihr	verlort
sie	verloren

Plusquamperfekt
ich	hatte	verloren
du	hattest	verloren
er	hatte	verloren
wir	hatten	verloren
ihr	hattet	verloren
sie	hatten	verloren

Futur II
ich	werde	verloren	haben
du	wirst	verloren	haben
er	wird	verloren	haben
wir	werden	verloren	haben
ihr	werdet	verloren	haben
sie	werden	verloren	haben

Konjunktiv

Konjunktiv I
ich	verliere
du	verlierest
er	verliere
wir	verlieren
ihr	verlieret
sie	verlieren

Perfekt
ich	habe	verloren
du	habest	verloren
er	habe	verloren
wir	haben	verloren
ihr	habet	verloren
sie	haben	verloren

Futur I
ich	werde	verlieren
du	werdest	verlieren
er	werde	verlieren
wir	werden	verlieren
ihr	werdet	verlieren
sie	werden	verlieren

Konjunktiv II
ich	verlöre
du	verlörest
er	verlöre
wir	verlören
ihr	verlöret
sie	verlören

Plusquamperfekt
ich	hätte	verloren
du	hättest	verloren
er	hätte	verloren
wir	hätten	verloren
ihr	hättet	verloren
sie	hätten	verloren

Futur II
ich	werde	verloren	haben
du	werdest	verloren	haben
er	werde	verloren	haben
wir	werden	verloren	haben
ihr	werdet	verloren	haben
sie	werden	verloren	haben

Infinitiv
Perfekt
verloren haben

Partizip
Partizip I
verlierend
Partizip II
verloren

Imperativ
verlier(e)
verlieren wir
verliert
verlieren Sie

▶ Anwendungsbeispiele

Sie **hat** beim Joggen ihren Haustürschlüssel **verloren**. *Sie hat beim Joggen ihren Haustürschlüssel irgendwo fallen lassen.*

Wenn du die Wette **verlierst**, bekomme ich 10 € von dir. *Wenn du bei der Wette nicht gewinnst, bekomme ich 10 € von dir.*

Im Herbst **verlieren** die Bäume ihre Blätter. *Im Herbst werfen die Bäume ihre Blätter ab.*

Der Tennisweltmeister **verlor** nach 5 Sätzen. *Der Tennisweltmeister unterlag nach 5 Sätzen.*

„" Redewendungen

den Faden verlieren *beim Sprechen vergessen, was man sagen wollte*
das Gesicht verlieren *sein Ansehen verlieren*
den Halt verlieren *die Kontrolle verlieren*
die Fassung verlieren *geschockt sein, sich nicht mehr unter Kontrolle haben*
kein Wort über etw. verlieren *etw. nicht erwähnen*

◐ Ähnliche Verben

verlegen
verschusseln (umgs.)
abwerfen
einbüßen
scheitern
unterliegen

⚡ Aufgepasst!

Insbesondere in der gesprochenen Sprache wird die Konjunktiv II-Form er verlöre durch die würde-Form ersetzt (▷ Grammatik rund ums Verb, **3.1**). Dies gilt für die regelmäßigen Verben und für die meisten unregelmäßigen.

Mir ist, als **verlöre** ich den Verstand. (Schriftsprache)
Mir ist, als **würde** ich den Verstand **verlieren**. (mündlicher Sprachgebrauch)

✎ Anmerkungen:

65 wachsen

Stammvokalwechsel a → u → a

Indikativ

Präsens

ich	wachse
du	wächst
er	wächst
wir	wachsen
ihr	wachst
sie	wachsen

Perfekt

ich	bin	gewachsen
du	bist	gewachsen
er	ist	gewachsen
wir	sind	gewachsen
ihr	seid	gewachsen
sie	sind	gewachsen

Futur I

ich	werde	wachsen
du	wirst	wachsen
er	wird	wachsen
wir	werden	wachsen
ihr	werdet	wachsen
sie	werden	wachsen

Präteritum

ich	wuchs
du	wuchst
er	wuchs
wir	wuchsen
ihr	wuchst
sie	wuchsen

Plusquamperfekt

ich	war	gewachsen
du	warst	gewachsen
er	war	gewachsen
wir	waren	gewachsen
ihr	wart	gewachsen
sie	waren	gewachsen

Futur II

ich	werde	gewachsen	sein
du	wirst	gewachsen	sein
er	wird	gewachsen	sein
wir	werden	gewachsen	sein
ihr	werdet	gewachsen	sein
sie	werden	gewachsen	sein

Konjunktiv

Konjunktiv I

ich	wachse
du	wachsest
er	wachse
wir	wachsen
ihr	wachset
sie	wachsen

Perfekt

ich	sei	gewachsen
du	sei(e)st	gewachsen
er	sei	gewachsen
wir	seien	gewachsen
ihr	sei(e)t	gewachsen
sie	seien	gewachsen

Futur I

ich	werde	wachsen
du	werdest	wachsen
er	werde	wachsen
wir	werden	wachsen
ihr	werdet	wachsen
sie	werden	wachsen

Konjunktiv II

ich	wüchse
du	wüchsest
er	wüchse
wir	wüchsen
ihr	wüchset
sie	wüchsen

Plusquamperfekt

ich	wäre	gewachsen
du	wär(e)st	gewachsen
er	wäre	gewachsen
wir	wären	gewachsen
ihr	wär(e)t	gewachsen
sie	wären	gewachsen

Futur II

ich	werde	gewachsen	sein
du	werdest	gewachsen	sein
er	werde	gewachsen	sein
wir	werden	gewachsen	sein
ihr	werdet	gewachsen	sein
sie	werden	gewachsen	sein

Infinitiv

Perfekt

gewachsen sein

Partizip

Partizip I

wachsend

Partizip II

gewachsen

Imperativ

wachs(e)
wachsen wir
wachst
wachsen Sie

▶ Anwendungsbeispiele

Oh, deine Tochter **ist** aber ganz schön **gewachsen**! *Oh, deine Tochter ist aber ganz schön* **groß geworden**.

Auf diesem trockenen Boden **wächst** gar nichts. *Auf diesem trockenen Boden* **gedeiht** *gar nichts.*

Ihr Interesse am Buddhismus **ist** in den letzten Monaten **gewachsen**. *Ihr Interesse am Buddhismus* **hat sich** *in den letzten Monaten* **verstärkt**.

Die Wirtschaft **wächst** nicht mehr so stark. *Die Wirtschaft* **boomt** *nicht mehr.*

🙶 Redewendungen

über den Kopf wachsen *etw. nicht mehr bewältigen können*
wie Pilze aus dem Boden wachsen *plötzlich in großer Anzahl auftreten*
an/mit seinen Aufgaben wachsen *sich mit jeder gelösten Aufgabe weiterentwickeln*

◼ Ähnliche Verben

anschwellen
ansteigen
sich ausbreiten
sich erhöhen
sich vermehren
sich verstärken
expandieren
gedeihen
sich entwickeln
boomen

anwachsen
aufwachsen
auswachsen
mitwachsen
verwachsen
zusammenwachsen
zuwachsen

⚡ Aufgepasst!

Beim Verb wachsen kommt es im Präsens Indikativ in der 2. und 3. Person Singular zum Vokalwechsel von -a zu -ä (▷ Grammatik rund ums Verb, **1.1.1**). Da der Verbstamm im Präsens auf -s endet, entfällt in der 2. Person Singular Indikativ das -s der Personalendung -st (du wäch**s**t).

✐ Anmerkungen:

66 wenden

Stammvokalwechsel e ➡ a ➡ a

Indikativ

Präsens
ich wende
du wendest
er wendet
wir wenden
ihr wendet
sie wenden

Präteritum
ich wandte
du wandtest
er wandte
wir wandten
ihr wandtet
sie wandten

Perfekt
ich habe gewandt
du hast gewandt
er hat gewandt
wir haben gewandt
ihr habt gewandt
sie haben gewandt

Plusquamperfekt
ich hatte gewandt
du hattest gewandt
er hatte gewandt
wir hatten gewandt
ihr hattet gewandt
sie hatten gewandt

Futur I
ich werde wenden
du wirst wenden
er wird wenden
wir werden wenden
ihr werdet wenden
sie werden wenden

Futur II
ich werde gewandt haben
du wirst gewandt haben
er wird gewandt haben
wir werden gewandt haben
ihr werdet gewandt haben
sie werden gewandt haben

Konjunktiv

Konjunktiv I
ich wende
du wendest
er wende
wir wenden
ihr wendet
sie wenden

Konjunktiv II
ich wendete
du wendetest
er wendete
wir wendeten
ihr wendetet
sie wendeten

Perfekt
ich habe gewandt
du habest gewandt
er habe gewandt
wir haben gewandt
ihr habet gewandt
sie haben gewandt

Plusquamperfekt
ich hätte gewandt
du hättest gewandt
er hätte gewandt
wir hätten gewandt
ihr hättet gewandt
sie hätten gewandt

Futur I
ich werde wenden
du werdest wenden
er werde wenden
wir werden wenden
ihr werdet wenden
sie werden wenden

Futur II
ich werde gewandt haben
du werdest gewandt haben
er werde gewandt haben
wir werden gewandt haben
ihr werdet gewandt haben
sie werden gewandt haben

Infinitiv

Perfekt
gewandt haben

Partizip

Partizip I
wendend

Partizip II
gewandt/gewendet

Imperativ
wend(e)
wenden wir
wendet
wenden Sie

▶ Anwendungsbeispiele

Neugierig **wendete** er den Brief und las weiter. *Neugierig drehte er den Brief um und las weiter.*

Hier sind wir falsch, wir müssen **wenden**. *Hier sind wir falsch, wir müssen umkehren.*

Wenden Sie **sich** an einen Anwalt. *Kontaktieren Sie einen Anwalt.*

Das Magazin **wendet sich** an junge Familien. *Das Magazin ist für junge Familien bestimmt.*

„" Redewendungen

kein Auge von jmdm./etw. wenden *jmdn./etw. aufmerksam beobachten*

das Blatt wenden *die Situation verändern*

◀▶ Ähnliche Verben

(herum)drehen	abwenden
umkehren	anwenden
zurückfahren	bewenden
zurückgehen	entwenden
sich ändern	verwenden
sich wandeln	zuwenden
ansprechen	

⚡ Aufgepasst!

Das Verb wenden kann sowohl regelmäßig als auch unregelmäßig konjugiert werden. Die regelmäßigen Formen werden verwendet, wenn das Verb die Bedeutung eines Richtungswechsels oder des Umdrehens hat.

Da der Verbstamm von wenden auf -den endet, wird im Präsens Indikativ in der 2. und 3. Person Singular und in der 2. Person Plural ein -e eingeschoben (▶ Grammatik rund ums Verb, **1.1.1**). Das gilt allerdings nicht für die unregelmäßigen Formen im Präteritum (er wandte). Hier wird das -d wie auch beim unregelmäßigen Partizip II (gewandt) nicht gesprochen.

⧘ Tipps & Tricks

Lernen Sie das Verb wenden zusammen mit dem Verb senden. Dieses folgt dem gleichen Konjugationsmuster und kann auch regelmäßig (Bedeutung: ausstrahlen) und unregelmäßig (Bedeutung: schicken) konjugiert werden.

✍ Anmerkungen:

67 werfen

Stammvokalwechsel e → a → o

Indikativ

Präsens
ich	werfe
du	wirfst
er	wirft
wir	werfen
ihr	werft
sie	werfen

Perfekt
ich	habe	geworfen
du	hast	geworfen
er	hat	geworfen
wir	haben	geworfen
ihr	habt	geworfen
sie	haben	geworfen

Futur I
ich	werde	werfen
du	wirst	werfen
er	wird	werfen
wir	werden	werfen
ihr	werdet	werfen
sie	werden	werfen

Präteritum
ich	warf
du	warfst
er	warf
wir	warfen
ihr	warft
sie	warfen

Plusquamperfekt
ich	hatte	geworfen
du	hattest	geworfen
er	hatte	geworfen
wir	hatten	geworfen
ihr	hattet	geworfen
sie	hatten	geworfen

Futur II
ich	werde	geworfen	haben
du	wirst	geworfen	haben
er	wird	geworfen	haben
wir	werden	geworfen	haben
ihr	werdet	geworfen	haben
sie	werden	geworfen	haben

Konjunktiv

Konjunktiv I
ich	werfe
du	werfest
er	werfe
wir	werfen
ihr	werfet
sie	werfen

Perfekt
ich	habe	geworfen
du	habest	geworfen
er	habe	geworfen
wir	haben	geworfen
ihr	habet	geworfen
sie	haben	geworfen

Futur I
ich	werde	werfen
du	werdest	werfen
er	werde	werfen
wir	werden	werfen
ihr	werdet	werfen
sie	werden	werfen

Konjunktiv II
ich	würfe
du	würfest
er	würfe
wir	würfen
ihr	würfet
sie	würfen

Plusquamperfekt
ich	hätte	geworfen
du	hättest	geworfen
er	hätte	geworfen
wir	hätten	geworfen
ihr	hättet	geworfen
sie	hätten	geworfen

Futur II
ich	werde	geworfen	haben
du	werdest	geworfen	haben
er	werde	geworfen	haben
wir	werden	geworfen	haben
ihr	werdet	geworfen	haben
sie	werden	geworfen	haben

Infinitiv

Perfekt
geworfen haben

Partizip

Partizip I
werfend

Partizip II
geworfen

Imperativ

wirf
werfen wir
werft
werfen Sie

▶ Anwendungsbeispiele

Wirf das bitte in den Müll! *Schmeiß das bitte in den Müll!*
Die Braut **warf** ihren Strauß in die Menge. *Die Braut schleuderte ihren Strauß in die Menge.*
Unsere Katze **hat** gestern drei Junge **geworfen**. *Unsere Katze hat gestern drei Junge geboren.*

„" Redewendungen

ein Auge auf jmdn./etw. werfen *Gefallen an jmdm./etw. finden*
den ersten Stein werfen *einen Streit anfangen*
Perlen vor die Säue werfen *jmdm. etw. geben, was die Person nicht zu schätzen weiß*
etw. über den Haufen werfen *etw. vereiteln, verhindern*
sich in Schale werfen *sich chic, elegant kleiden*
jmdm. etw. an den Kopf werfen *jmdn. scharf kritisieren*
etw. über Bord werfen *z. B. Ideen, Überzeugungen aufgeben*

⬤↗ Ähnliche Verben

ausstoßen	abwerfen
katapultieren	anwerfen
schießen	auswerfen
schleudern	einwerfen
stoßen	hinwerfen
schmeißen (umgs.)	vorwerfen
gebären	zuwerfen

⚡ Aufgepasst!

Im Präsens Indikativ kommt es bei der 2. und 3. Person Singular zu einem Vokalwechsel von **-e** zu **-i** (▶ Grammatik rund ums Verb, 1.1.1). Der Konjunktiv II von werfen leitet sich nicht vom Präteritum (er **warf**) ab, sondern lautet er **würfe**.

⚠ Tipps & Tricks

Folgende Verben werden nach demselben Muster wie werfen konjugiert:
bergen, verbergen, bewerben, werben, verderben und sterben.

✎ Anmerkungen:

68 wissen

Stammvokalwechsel i → u → u

Indikativ

Präsens
ich **weiß**
du **weißt**
er **weiß**
wir wissen
ihr wisst
sie wissen

Perfekt
ich habe gewusst
du hast gewusst
er hat gewusst
wir haben gewusst
ihr habt gewusst
sie haben gewusst

Futur I
ich werde wissen
du wirst wissen
er wird wissen
wir werden wissen
ihr werdet wissen
sie werden wissen

Präteritum
ich **wusste**
du **wusstest**
er **wusste**
wir **wussten**
ihr **wusstet**
sie **wussten**

Plusquamperfekt
ich hatte gewusst
du hattest gewusst
er hatte gewusst
wir hatten gewusst
ihr hattet gewusst
sie hatten gewusst

Futur II
ich werde gewusst haben
du wirst gewusst haben
er wird gewusst haben
wir werden gewusst haben
ihr werdet gewusst haben
sie werden gewusst haben

Konjunktiv

Konjunktiv I
ich wisse
du wissest
er wisse
wir wissen
ihr wisset
sie wissen

Perfekt
ich habe gewusst
du habest gewusst
er habe gewusst
wir haben gewusst
ihr habet gewusst
sie haben gewusst

Futur I
ich werde wissen
du werdest wissen
er werde wissen
wir werden wissen
ihr werdet wissen
sie werden wissen

Konjunktiv II
ich **wüsste**
du **wüsstest**
er **wüsste**
wir **wüssten**
ihr **wüsstet**
sie **wüssten**

Plusquamperfekt
ich hätte gewusst
du hättest gewusst
er hätte gewusst
wir hätten gewusst
ihr hättet gewusst
sie hätten gewusst

Futur II
ich werde gewusst haben
du werdest gewusst haben
er werde gewusst haben
wir werden gewusst haben
ihr werdet gewusst haben
sie werden gewusst haben

Infinitiv

Perfekt
gewusst haben

Partizip

Partizip I
wissend

Partizip II
gewusst

Imperativ
wisse
wissen wir
wisst
wissen Sie

▶ Anwendungsbeispiele

Er **weiß** alles über das Leben in der Wüste. *Er **kennt sich** mit dem Leben in der Wüste **aus.***
Sie **wusste** alle Hauptstädte der Länder Europas. *Sie **kannte** alle Hauptstädte der Länder Europas.*
Ich **habe** nichts von deinen Plänen **gewusst**. *Ich **hatte** keine **Kenntnis** von deinen Plänen.*

„ Redewendungen

weder ein noch aus wissen *völlig ratlos sein*
aus dem Kopf wissen *auswendig wissen*
nichts mit sich anzufangen wissen *sich langweilen*
Bescheid wissen *Kenntnis von etw. haben*

▣ Ähnliche Verben

sich auskennen
beherrschen
kennen
können
verstehen
vermögen

⚡ Aufgepasst!

Das Verb wissen wird wie ein Modalverb konjugiert, ist aber keins (▶ Grammatik rund ums Verb, **1.1.1**). Im Präsens Indikativ kommt es in der 1., 2. und 3. Person zu einem Vokalwechsel von einem kurzen -i zu einem langen -ei, deshalb wird der Doppelkonsonant -ss zu -ß.
Das Verb wissen gehört zu den gemischten Verben, d.h., die Formen im Präteritum und das Partizip II haben regelmäßige Endungen (▶ Grammatik rund ums Verb, **1.1.2**).
Vom Verb wissen kann kein Passiv gebildet werden.

✎ Anmerkungen:

69 wollen

Modalverb;
Vokalwechsel im Präsens

Indikativ

Präsens
ich	will
du	willst
er	will
wir	wollen
ihr	wollt
sie	wollen

Perfekt
ich	habe	gewollt
du	hast	gewollt
er	hat	gewollt
wir	haben	gewollt
ihr	habt	gewollt
sie	haben	gewollt

Futur I
ich	werde	wollen
du	wirst	wollen
er	wird	wollen
wir	werden	wollen
ihr	werdet	wollen
sie	werden	wollen

Präteritum
ich	wollte
du	wolltest
er	wollte
wir	wollten
ihr	wolltet
sie	wollten

Plusquamperfekt
ich	hatte	gewollt
du	hattest	gewollt
er	hatte	gewollt
wir	hatten	gewollt
ihr	hattet	gewollt
sie	hatten	gewollt

Futur II
ich	werde	gewollt	haben
du	wirst	gewollt	haben
er	wird	gewollt	haben
wir	werden	gewollt	haben
ihr	werdet	gewollt	haben
sie	werden	gewollt	haben

Konjunktiv

Konjunktiv I
ich	wolle
du	wollest
er	wolle
wir	wollen
ihr	wollet
sie	wollen

Perfekt
ich	habe	gewollt
du	habest	gewollt
er	habe	gewollt
wir	haben	gewollt
ihr	habet	gewollt
sie	haben	gewollt

Futur I
ich	werde	wollen
du	werdest	wollen
er	werde	wollen
wir	werden	wollen
ihr	werdet	wollen
sie	werden	wollen

Konjunktiv II
ich	wollte
du	wolltest
er	wollte
wir	wollten
ihr	wolltet
sie	wollten

Plusquamperfekt
ich	hätte	gewollt
du	hättest	gewollt
er	hätte	gewollt
wir	hätten	gewollt
ihr	hättet	gewollt
sie	hätten	gewollt

Futur II
ich	werde	gewollt	haben
du	werdest	gewollt	haben
er	werde	gewollt	haben
wir	werden	gewollt	haben
ihr	werdet	gewollt	haben
sie	werden	gewollt	haben

Infinitiv

Perfekt
gewollt haben

Partizip

Partizip I
wollend

Partizip II
gewollt

Imperativ

—

—

—

—

▶ Anwendungsbeispiele

Was **willst** du in den Ferien machen? *Was **hast** du in den Ferien **vor**?*
Ich **wollte** Sie bitten, dies zu prüfen. *Würden Sie dies bitte prüfen?*
Diese Blume **will** viel Sonne. *Diese Blume **braucht** viel Sonne.*
Das **habe** ich nicht **gewollt**! *Das **habe** ich nicht **beabsichtigt**!*

❝ Redewendungen

jmdm. etw. wollen *jmdm. etw. antun wollen*
nicht in den Sinn wollen *nicht verstehen können*
jmdn. auf den Mond schießen wollen *sehr wütend auf jmdn. sein, ihn loswerden wollen*
jmdm. an den Kragen wollen *gegen jmdn. vorgehen wollen*
jmdm. etw. glauben machen wollen *jmdm. etw. einreden wollen*

Ähnliche Verben

beabsichtigen
begehren
planen
sich vornehmen
vorhaben
anstreben
mögen
wünschen
brauchen

⚡ Gebrauch

Das Verb wollen gehört zu den Modalverben (▷ Grammatik rund ums Verb, **1.3**).
Man verwendet es, wenn man den Wunsch oder die Absicht hat, etwas zu tun:
Ich **will** nach Kanada auswandern.
Es wird auch verwendet, wenn man etwas bekommen möchte oder wünscht,
dass ein anderer etwas Bestimmtes tut: Ich **will**, dass du mich in Ruhe lässt.

✎ Anmerkungen:

(70) ziehen

Stammvokalwechsel ie → o → o

Indikativ

Präsens
ich ziehe
du ziehst
er zieht
wir ziehen
ihr zieht
sie ziehen

Perfekt
ich habe gezogen
du hast gezogen
er hat gezogen
wir haben gezogen
ihr habt gezogen
sie haben gezogen

Futur I
ich werde ziehen
du wirst ziehen
er wird ziehen
wir werden ziehen
ihr werdet ziehen
sie werden ziehen

Präteritum
ich zog
du zogst
er zog
wir zogen
ihr zogt
sie zogen

Plusquamperfekt
ich hatte gezogen
du hattest gezogen
er hatte gezogen
wir hatten gezogen
ihr hattet gezogen
sie hatten gezogen

Futur II
ich werde gezogen haben
du wirst gezogen haben
er wird gezogen haben
wir werden gezogen haben
ihr werdet gezogen haben
sie werden gezogen haben

Konjunktiv

Konjunktiv I
ich ziehe
du ziehest
er ziehe
wir ziehen
ihr ziehet
sie ziehen

Perfekt
ich habe gezogen
du habest gezogen
er habe gezogen
wir haben gezogen
ihr habet gezogen
sie haben gezogen

Futur I
ich werde ziehen
du werdest ziehen
er werde ziehen
wir werden ziehen
ihr werdet ziehen
sie werden ziehen

Konjunktiv II
ich zöge
du zögest
er zöge
wir zögen
ihr zöget
sie zögen

Plusquamperfekt
ich hätte gezogen
du hättest gezogen
er hätte gezogen
wir hätten gezogen
ihr hättet gezogen
sie hätten gezogen

Futur II
ich werde gezogen haben
du werdest gezogen haben
er werde gezogen haben
wir werden gezogen haben
ihr werdet gezogen haben
sie werden gezogen haben

Infinitiv

Perfekt
gezogen haben

Partizip

Partizip I
ziehend

Partizip II
gezogen

Imperativ
zieh(e)
ziehen wir
zieht
ziehen Sie

▶ Anwendungsbeispiele

Die Schneehunde **ziehen** den Schlitten über das Eis. *Die Schneehunde **bewegen** den Schlitten über das Eis **vorwärts.***
Sie **zog** ihr Handy aus der Tasche. *Sie **nahm** ihr Handy aus der Tasche **heraus.***
In diesem Gewächshaus **werden** die tropischen Pflanzen **gezogen.** *In diesem Gewächshaus **werden** die tropischen Pflanzen **gezüchtet.***
Mach das Fenster zu, es **zieht**! *Mach das Fenster zu, hier **weht** kalte Luft!*
Die Vögel **ziehen** in Richtung Süden. *Die Vögel **begeben** sich in Richtung Süden.*

„ Redewendungen

vor jmdm. den Hut ziehen *jmdn. bewundern*
den Kürzeren ziehen *verlieren, unterlegen sein*
sich in die Länge ziehen *länger dauern als erwartet*
sich aus der Affäre ziehen *sich aus der Verantwortung stehlen*
jmdn. zur Rechenschaft ziehen *jmdn. zur Verantwortung ziehen*
in Betracht ziehen *erwägen, berücksichtigen*
etw. nach sich ziehen *Folgen haben*

Ähnliche Verben

schleifen	abziehen
schleppen	anziehen
zerren	aufziehen
herausnehmen	ausziehen
reißen	einziehen
züchten	umziehen
wehen	verziehen

⚡ Aufgepasst!

Beim Verb ziehen kommt es im Präteritum, Konjunktiv II und Partizip II sowohl zu einem Vokalwechsel als auch zu einem Konsonantenwechsel (du **zieh**st, du **zog**st, du **zög**est, ge**zog**en). Der Stammvokal wird immer lang gesprochen.

✎ Anmerkungen:

Verben mit Präposition

Eine Reihe deutscher Verben wird mit einer bestimmten Präposition benutzt. Einige Verben ziehen immer dieselbe Präposition nach sich, andere werden hingegen in Verbindung mit verschiedenen Präpositionen verwendet. Im Folgenden haben wir für Sie die geläufigsten deutschen Verben mit Präposition aufgelistet.

(A) Akkusativ
(D) Dativ

▸ abhängen **von** (D)	*Der Erfolg des Geschäfts hängt vom Standort ab.*
achten **auf** (A)	*Achten sie auf Ihre Wertsachen.*
ändern **an** (D)	*An dieser Situation können wir nichts ändern.*
anfangen **mit** (D)	*Sie hat mit dem Klavierunterricht angefangen.*
ankommen **auf** (A)	*Das kommt auf das Wetter an.*
sich anpassen **an** (A)	*Du musst dich nicht an jeden Trend anpassen.*
anrufen **bei** (D)	*Hast du schon beim Arzt angerufen?*
antworten **auf** (A)	*Könntest du bitte auf meine Frage antworten?*
sich ärgern **über** (A)	*Klaus ärgert sich über seinen Kollegen.*
auffordern **zu** (D)	*Er forderte sie zum Tanz auf.*
aufhören **mit** (D)	*Sie hat mit dem Rauchen aufgehört.*
aufpassen **auf** (A)	*Ich muss auf meinen kleinen Bruder aufpassen.*
sich aufregen **über** (A)	*Reg dich nicht über die Nachbarn auf.*
ausgeben **für** (A)	*Sie gibt ihr ganzes Geld für DVDs aus.*
▸ sich bedanken **bei** (D)/ **für** (A)	*Wir bedanken uns bei den Fans für ihre Treue.*
sich befassen **mit** (D)	*Der Artikel befasst sich mit dem Klimawandel.*
sich befreien **von** (D)	*Durch Meditation hat sie sich von dem Druck befreit.*
beginnen **mit** (D)	*Um acht Uhr beginnt er mit der Arbeit.*
beitragen **zu** (D)	*Vieles hat zu der Katastrophe beigetragen.*
sich beklagen **über** (A)	*Sie beklagt sich nie über die Arbeit.*
sich bemühen **um** (A)	*Ich habe mich um Anerkennung bemüht.*
berichten **über** (A)	*Es wurde ausgiebig über die Krise berichtet.*
berichten **von** (D)	*Ich habe dir doch von meinem Projekt berichtet.*
sich beschäftigen **mit** (D)	*Er beschäftigt sich mit den Finanzen.*
sich beschweren **über** (A)	*Der Nachbar beschwerte sich über den Lärm.*
bestehen **auf** (A)	*Ich bestehe darauf, dass du noch bleibst.*
bestehen **aus** (D)	*Die Prüfung besteht aus vier Teilen.*
sich beteiligen **an** (D)	*Beteiligst du dich an dem Geschenk?*
sich bewerben **um** (A)	*Sie bewarb sich um die Stelle als Chefköchin.*

sich bewerben **bei** (D)	*Er hat sich bei vielen Kanzleien beworben.*
sich beziehen **auf** (A)	*Ich beziehe mich auf Ihr letztes Schreiben.*
bitten **um** (A)	*Ich bitte um eine schnelle Rückmeldung.*
▸ danken **für** (A)	*Er bedankte sich für die vielen Glückwünsche.*
denken **an** (A)	*Ich habe den ganzen Tag an dich gedacht.*
dienen **zu** (D)	*Das Geld dient zur Verbesserung der Verpflegung.*
diskutieren **über** (A)	*Sie diskutieren immer über die Finanzlage.*
▸ sich eignen **für** (A)	*Diese Schuhe eignen sich gut für Wanderungen.*
einladen **zu** (D)	*Ich würde Sie gerne zu einem Glas Wein einladen.*
sich einsetzen **für** (A)	*Wir setzen uns für Ihre Interessen ein!*
sich engagieren **für** (A)	*Sie engagieren sich für einen guten Zweck.*
sich entscheiden **für** (A)	*Er hat sich für die Stelle entschieden.*
sich entschuldigen **für** (A)	*Wir entschuldigen uns für die Verspätung.*
sich entschuldigen **bei** (D) ...	*Ich muss mich bei meiner Freundin entschuldigen.*
erfahren **von** (D)	*Er hat von dem Unglück noch nichts erfahren.*
sich erholen **von** (D)	*Bei uns können Sie sich von Ihrem Stress erholen.*
sich erinnern **an** (A)	*Ich glaube, sie erinnert sich nicht mehr an mich.*
erkennen **an** (D)	*Woran erkennt man, ob der Diamant echt ist?*
erkranken **an** (D)	*Er ist an Parkinson erkrankt.*
sich erkundigen **nach** (D)	*Sie erkundigte sich nach günstigen Wohnungen.*
erschrecken **vor** (D)	*Er hat sich vor einer Katze erschreckt.*
erzählen **von** (D)	*Sie hat sie ganze Zeit nur von ihrem Freund erzählt.*
experimentieren **mit** (D)	*Der Forscher experimentiert mit Ratten und Mäusen.*
▸ fehlen **an** (D)	*Ihnen fehlt es an Glaubwürdigkeit.*
fragen **nach** (D)	*Die Polizei hat nach dir gefragt.*
sich freuen **auf** (A)	*Wir freuen uns auf deinen Besuch.*
sich freuen **über** (A)	*Sie hat sich sehr über die Kette gefreut.*
führen **zu** (D)	*Das führt wieder zu einem Streit.*
sich fürchten **vor** (D)	*Peter fürchtet sich vor Schlangen.*
▸ garantieren **für** (A)	*Wir garantieren für Ihre Sicherheit.*
gehen **um** (A)	*In dem Buch geht es um den interreligiösen Dialog.*
gehören **zu** (D)	*Das Ehepaar gehört zu einer Sekte.*
geraten **in** (A)	*Wie bist du nur in diese Situation geraten?*
sich gewöhnen **an** (A)	*Er hat sich schnell an die neuen Verhältnisse gewöhnt.*
glauben **an** (A)	*Sie glauben an die Wirkung von Edelsteinen.*
gratulieren **zu** (D)	*Wir gratulieren zur bestandenen Prüfung.*
▸ halten **für** (A)	*Er hält sich selbst für einen Star.*

halten **von** (D)	*Was hältst du von dem neuen Lehrer?*
sich halten **an** (A)	*Jeder muss sich an die Regeln halten.*
sich handeln **um** (A)	*Es handelt sich um ein teures Unikat.*
hinweisen **auf** (A)	*Er wurde auf die Gefahren hingewiesen.*
hoffen **auf** (A)	*Die Landwirte hoffen auf eine gute Ernte.*
▸ informieren **über** (A)	*Wir müssen uns über die Details informieren.*
sich interessieren **für** (A)	*Er interessiert sich für Motorräder.*
sich irren **in** (D)	*In dieser Sache irrst du dich.*
▸ kämpfen **gegen** (A)	*Am Samstag kämpft er gegen den Weltmeister.*
kämpfen **mit** (D)	*Jetzt haben wir mit den Folgen zu kämpfen.*
kämpfen **um** (A)	*Sie kämpfen vor Gericht um das Sorgerecht.*
klagen **gegen** (A)	*Du solltest gegen die Firma klagen.*
klagen **über** (A)	*Immer klagt sie über Kopfschmerzen.*
sich konzentrieren **auf** (A)	*Ich muss mich auf die Arbeit konzentrieren.*
sich kümmern **um** (A)	*Kannst du dich um die Gäste kümmern?*
▸ lachen **über** (A)	*Keiner hat über den Witz gelacht.*
leiden **an** (D)	*Sie litt sehr an Migräne.*
leiden **unter** (D)	*Er leidet sehr unter der Einsamkeit.*
liegen **an** (D)	*Das liegt an deiner Faulheit, nicht am Lehrer.*
▸ nachdenken **über** (A)	*Darüber muss ich erst nachdenken.*
neigen **zu** (D)	*Er neigt zu Gewaltausbrüchen.*
▸ passen **zu** (D)	*Der Rock passt gut zu deiner Bluse.*
protestieren **gegen** (A)	*Sie protestieren gegen das neue Gesetz.*
▸ sich rächen **an** (D)	*Er wird sich an ihr rächen wollen.*
raten **zu** (D)	*Da kann ich nur zur Geduld raten.*
reagieren **auf** (A)	*Wie hat sie auf den Antrag reagiert?*
rechnen **mit** (D)	*Wir rechnen jeden Tag mit einer Zusage.*
reden **über** (A)	*Sie will mit dem Chef über eine Gehaltserhöhung reden.*
sich richten **nach** (D)	*Ich richte mich ganz nach dir.*
riechen **nach** (D)	*Es riecht hier lecker nach frischen Brötchen.*
▸ schmecken **nach** (D)	*Die Soße schmeckt sehr nach Ingwer.*
schreiben **an** (A)	*Lisa schreibt an den Weihnachtsmann.*
schreiben **an** (D)	*Sie schreibt an ihrem neuen Buch.*
schützen **vor** (D)	*Vitamin C schützt vor Erkältungen.*
sich sehnen **nach** (D)	*Er sehnt sich danach, seine Familie wiederzu-sehen.*
sorgen **für** (A)	*Sie sorgt für ihren kranken Mann.*
sich sorgen **um** (A)	*Sie sorgt sich um ihre Gesundheit.*
sprechen **mit** (D)	*Könnte ich bitte mit Ihrem Vorgesetzen sprechen?*
sprechen **über** (A)	*Wir müssen mal über deine Schulnoten sprechen.*

sprechen **von** (D)	*Er spricht nur noch von ihr.*
staunen **über** (A)	*Das Kleinkind staunt über den Schnee.*
sterben **an** (D)	*Sie starb an Malaria.*
sterben **für** (A)	*Sie sind bereit, für ihren Glauben zu sterben.*
streiten **um** (A)	*Wir haben uns um das letzte Stück Kuchen gestritten.*
sich streiten **über** (A)	*Müsst ihr euch immer über Politik streiten?*
sich streiten **mit** (D)	*Ich habe mich gestern mit meiner Mutter gestritten.*
▸ teilnehmen **an** (D)	*An dem Seminar nehmen 20 Personen teil.*
telefonieren **mit** (D)	*Hast du schon mit Gitti telefoniert?*
träumen **von** (D)	*Sie träumen von Frieden und Freiheit.*
▸ überreden **zu** (D)	*Er hat mich zu diesem Ausflug überredet.*
▸ sich verabschieden **von** (D) .	*Wir müssen uns leider von euch verabschieden.*
verbinden **mit** (D)	*Was verbindest du mit dem Begriff „Heimat"?*
vergleichen **mit** (D)	*Man kann Äpfel nicht mit Birnen vergleichen.*
sich verlassen **auf** (A)	*Wir haben uns auf die Prognosen verlassen.*
sich verlieben **in** (A)	*Er hat sich in seine Nachbarin verliebt.*
verstoßen **gegen** (A)	*Was du machst, verstößt gegen die Vorschriften.*
vertrauen **auf** (A)	*Wir müssen auf bessere Zeiten vertrauen.*
sich verwandeln **in** (A)	*Der Fluss verwandelte sich in einen reißenden Strom.*
verzichten **auf** (A)	*Dieses Jahr müssen wir auf Urlaub verzichten.*
sich vorbereiten **auf** (A)	*Paul hat sich gut auf die Prüfung vorbereitet.*
▸ warnen **vor** (D)	*Niemand hat vor den Risiken gewarnt.*
warten **auf** (A)	*Wartet nicht auf mich.*
sich wehren **gegen** (A)	*Ich muss mich gegen diesen Angriff wehren.*
sich wenden **an** (A)	*Wenden Sie sich an die Verbraucherzentrale.*
sich wundern **über** (A)	*Sie wunderte sich über seine Verschlossenheit.*
werben **für** (A)	*Künstler werben für Völkerverständigung.*
▸ zählen **zu** (D)	*Er zählt zu den Besten aus seinem Jahrgang.*
zweifeln **an** (D)	*Sie begannen, am System zu zweifeln.*

Alphabetische Verbliste

Hier haben wir für Sie die wichtigsten deutschen Verben alphabetisch aufgelistet. Die rechts angeführten Nummern stellen Konjugationsnummern dar. Auf den Seiten der einzelnen Konjugationstabellen finden Sie diese Nummern wieder. Jene Verben, die hier im Folgenden den jeweiligen Konjugationsnummern zugewiesen sind, werden nach genau diesem Muster konjugiert. Manchen Verben sind auch zwei Konjugationsnummern zugeteilt. Die hervorgehobenen Verben sind als vollständige Konjugationstabellen im Buch abgedruckt.

Die trennbaren Verben sind durch · gekennzeichnet.
ge bedeutet: Das Partizip II wird ohne ge- gebildet.

A

Verb	Nr.	Verb	Nr.	Verb	Nr.
ab·arbeiten	4 / 49	ab·liefern	4 / 28	*an·eignen (sich)*	8
ab·bauen	4	ab·machen	4	an·fangen	22
ab·beißen	12	ab·melden (sich)	4 / 49	an·fassen	4 / 31
ab·bekommen, ge	33	ab·nehmen	5	an·gehen	25
ab·bezahlen, ge	4	ab·raten	46	an·greifen	26
ab·biegen	50	ab·rechnen	4 / 49	ängstigen (sich)	4
ab·bilden	4 / 49	ab·reisen	4 / 31	an·haben	2
ab·brechen	15	ab·sagen	4	an·halten	27
ab·brennen	45	ab·schaffen	4	an·hören	4
ab·bringen	16	ab·schalten (sich)	4 / 49	an·klagen	4
ab·drucken	4	ab·stammen	4	an·klopfen	4
ab·fahren	21	ab·steigen	14	an·kommen	33
ab·fangen	22	ab·stellen	4	an·machen	4
ab·finden	23	ab·stimmen	4	an·melden (sich)	4 / 49
ab·fließen	24	ab·stoßen (sich)	60	an·nehmen	5
ab·fragen	4	ab·stürzen	4 / 31	an·probieren, ge	4
ab·gewöhnen (sich), ge	4	ab·trocknen (sich)	4 / 49	an·reden	4 / 49
ab·handeln	28	ab·warten	4 / 49	an·richten	4 / 49
ab·hängen	29	ab·waschen	65	an·rufen	47
ab·heben	30	ab·wechseln (sich)	4 / 28	an·schaffen (sich)	4
ab·helfen	32	ab·zahlen	4	an·schalten	4 / 49
ab·holen	4	ab·ziehen	70	an·schauen	4
ab·hören	4	achten	4 / 49	an·schließen (sich)	24
ab·kaufen	4	ahnen	4	an·schnallen (sich)	4
ab·kürzen	4 / 31	amüsieren (sich), ge	4	an·sehen	55
ab·laufen	37	analysieren, ge	4	an·sprechen	15
ab·lehnen	4	an·bauen	4	an·stehen	59
ab·lenken	4	an·binden	23	an·steigen	14
		ändern (sich)	4 / 28	an·stellen	4

Alphabetische Verbliste

an·stoßen	(60)	auf·tauen	(4)	aus·wechseln	(4)/(28)
an·strengen (sich)	(4)	auf·wachen	(4)	aus·wirken (sich)	(4)
an·treffen	(61)	auf·wachsen	(65)	aus·zeichnen (sich)	(4)/(49)
an·tun (sich)	(63)	auf·wecken	(4)	aus·ziehen (sich)	(70)
antworten	(4)/(49)	auf·ziehen	(70)		
an·wenden	(49)/(66)	aus·bilden	(4)/(49)	**B**	
an·ziehen (sich)	(70)	aus·bleiben	(14)	baden	(4)/(49)
an·zünden	(4)/(49)	aus·breiten (sich)	(4)/(49)	bauen	(4)
arbeiten	(4)/(49)	aus·denken (sich)	(17)	beabsichtigen, ge	(4)
ärgern (sich)	(4)/(28)	aus·drücken (sich)	(4)	beachten, ge	(4)/(49)
atmen	(4)/(49)	auseinandersetzen		beanspruchen, ge	(4)
auf·bauen (sich)	(4)	(sich)	(4)/(31)	beantragen, ge	(4)
auf·bewahren, ge	(4)	aus·füllen	(4)	beantworten, ge	(4)/(49)
auf·brechen	(15)	aus·gehen	(25)	bearbeiten, ge	(4)/(49)
auf·fangen	(22)	aus·gleichen (sich)	(26)	beatmen, ge	(4)/(49)
auf·fordern	(4)/(28)	aus·halten	(27)	bedanken (sich), ge	(4)
auf·führen	(4)	aus·kennen (sich)	(45)	bedauern, ge	(4)/(28)
auf·haben	(2)	aus·lachen	(4)	bedecken, ge	(4)
auf·halten (sich)	(27)	aus·laufen	(37)	bedenken, ge	(17)
auf·hängen	(29)	aus·leihen	(39)	bedeuten, ge	(4)/(49)
auf·heben	(30)	aus·liefern	(4)/(28)	bedienen (sich), ge	(4)
auf·hören	(6)	aus·lösen	(4)/(31)	bedingen, ge	(4)
auf·legen	(4)	aus·machen	(4)	bedrängen, ge	(4)
auf·lösen (sich)	(4)/(31)	aus·nutzen	(4)/(31)	bedrohen, ge	(4)
auf·machen	(4)	aus·packen	(4)	bedrücken, ge	(4)
auf·nehmen	(5)	aus·rechnen	(4)/(49)	beeilen, sich, ge	(4)
auf·passen	(4)/(31)	aus·reichen	(4)	beeindrucken, ge	(4)
auf·räumen	(4)	aus·richten	(4)/(49)	beeinflussen, ge	(4)/(31)
auf·regen (sich)	(4)	**aus·ruhen (sich)**	(7)	beeinträchtigen, ge	(4)
auf·richten (sich)	(4)/(49)	aus·schalten	(4)/(49)	beenden, ge	(4)/(49)
auf·rufen	(47)	aus·schließen	(24)	befähigen, ge	(4)
auf·schieben	(50)	aus·sehen	(55)	befassen (sich), ge	(4)/(31)
auf·schlagen	(21)	aus·sprechen	(15)	befestigen, ge	(4)
auf·schließen	(24)	aus·steigen	(14)	befinden (sich), ge	(23)
auf·schreiben	(14)	aus·stellen	(4)	befolgen, ge	(4)
auf·setzen (sich)	(4)/(31)	aus·stoßen	(60)	befreien (sich), ge	(4)
auf·stehen	(59)	aus·suchen (sich)	(4)	befürchten, ge	(4)/(49)
auf·steigen	(14)	aus·teilen	(4)	begegnen (sich), ge	(4)/(49)
auf·stellen	(4)	aus·tragen	(21)	begehen, ge	(25)
auf·stoßen	(60)	aus·üben	(4)	begeistern (sich), ge	(4)/(28)
auf·suchen	(4)	aus·wählen	(4)	**beginnen**, ge	(11)
				begleiten, ge	(4)/(49)

Verb		Verb		Verb	
begnügen (sich), ge	4	bereiten, ge	4/49	betreuen, ge	4
begreifen, ge	26	bereuen, ge	4	betrügen, ge	42
begründen, ge	4/49	bergen	15	beugen (sich)	4
begrüßen, ge	4/31	berichten, ge	4/49	beunruhigen (sich), ge	4
behalten, ge	27	berichtigen, ge	4	beurteilen, ge	4
behandeln, ge	4/28	bersten	15	bevorzugen, ge	4
behaupten, ge	4/49	berücksichtigen, ge	4	bewachen, ge	4
beherrschen (sich), ge	4	berufen (sich), ge	47	bewähren (sich), ge	4
behindern, ge	4/28	beruhigen (sich), ge	4	bewahren, ge	4
behüten, ge	4/49	berühren, ge	4	bewältigen, ge	4
bei·bringen	16	besagen, ge	4	bewegen (sich), ge	4
beichten, ge	4/49	beschädigen, ge	4	beweisen, ge	53
beinhalten, ge	4/49	beschäftigen (sich), ge	4	bewerben (sich), ge	67
beißen	12	beschimpfen, ge	4	bewirken, ge	4
bei·stehen	59	beschleunigen (sich), ge	4	bewohnen, ge	4
bei·tragen	21	beschließen, ge	24	bewölken (sich), ge	4
bekämpfen, ge	4	beschmutzen (sich), ge	4/31	bewundern, ge	4/28
bekehren, ge	4	beschränken (sich), ge	4	bezahlen, ge	4
bekennen, ge	45	beschreiben, ge	14	bezeichnen, ge	4/49
beklagen (sich), ge	4	beschuldigen, ge	4	beziehen (sich), ge	70
bekommen, ge	33	beschützen, ge	4/31	bezweifeln, ge	4/28
beladen, ge	35	beschweren (sich), ge	4	bezwingen, ge	62
belagern, ge	4/28	beseitigen, ge	4	biegen (sich)	50
belasten, ge	4/49	besetzen, ge	4/31	bilden	4/49
belästigen, ge	4	besichtigen, ge	4	binden (sich)	23
beleidigen, ge	4	besiegen, ge	4	**bitten**	13
bellen	4	besorgen (sich etw.), ge	4	**bleiben**	14
belohnen (sich), ge	4	besprechen, ge	15	bleichen	4
bemerken, ge	4	bessern (sich)	4/28	blenden	4/49
bemitleiden, ge	4/49	bestätigen (sich), ge	4	blicken	4
bemühen (sich), ge	4	bestehen, ge	59	blitzen	4/31
benachrichtigen, ge	4	bestellen, ge	4	blockieren, ge	4
benehmen (sich), ge	5	bestimmen, ge	4	blühen	4
beneiden, ge	4/49	bestrafen, ge	4	bluten	4/49
benennen, ge	45	besuchen, ge	4	bohren	4
benötigen, ge	4	beteiligen (sich), ge	4	borgen	4
benutzen, ge	4/31	beten	4/49	braten	46
beobachten, ge	4/49	betrachten (sich), ge	4/49	brauchen	4/9
bepacken, ge	4	betragen, ge	21	**brechen (sich)**	15
beraten, ge	46	betreffen, ge	61	bremsen	4/31
berechtigen, ge	4			brennen	45

Alphabetische Verbliste

bringen	16	drehen (sich)	4	ein·fügen	4
bröckeln	4 / 28	dringen	62	ein·führen	4
brüllen	4	drohen	4	ein·gehen	25
buchen	4	drucken	4	ein·greifen	26
buchstabieren, ge	4	drücken	4	ein·halten	27
bücken (sich)	4	duften	4 / 49	ein·handeln	28
bügeln	4 / 28	dulden	4 / 49	ein·hängen	29
bürsten	4 / 49	durchbrechen, ge	15	einher·gehen	25
büßen	4 / 31	durch·brechen	15	einigen (sich)	4
		durch·bringen	16	ein·kaufen	4
C		durcheinanderbringen	16	ein·kehren	4
campen	4	durchfahren, ge	21	ein·kleiden	4 / 28
charakterisieren, ge	4	durch·fahren	21	ein·laden	35
		durch·fallen	27	ein·lassen	36
D		durch·halten	27	ein·leben (sich)	4
da sein	1	durch·kommen	33	ein·leiten	4 / 49
dabei sein	1	durch·lassen	36	ein·leuchten	4 / 49
daher·kommen	33	durch·laufen	37	ein·mischen (sich)	4
da·lassen	36	durch·lesen	40	ein·nehmen	5
dämmen	4	durchschauen, ge	4	ein·packen	4
dämmern	4 / 28	durch·schauen	4	ein·reden (sich)	4 / 49
dämpfen	4	durch·sehen	55	ein·reisen	4 / 31
danken	4	durch·setzen (sich)	4 / 31	ein·richten (sich)	4 / 49
daran·gehen	25	durchsetzten, ge	4	ein·sammeln	4 / 28
dar·legen	4	durch·streichen	26	ein·schalten (sich)	49
dar·stellen (sich)	4	durchsuchen, ge	4	ein·schieben	50
dauern	4 / 28	durch·suchen	4	ein·schlagen	21
davon·kommen	33	**dürfen**	18	ein·schließen (sich)	24
dazu·gehören	4	duschen (sich)	4	ein·schränken (sich)	4
dazwischen·kommen	33			ein·sehen	55
decken	4	**E**		ein·setzen (sich)	4 / 31
dehnen (sich)	4	ehren	4	ein·stecken	4
demonstrieren, ge	4	eignen (sich)	4 / 8	ein·steigen	14
denken	17	ein·arbeiten (sich)	4 / 49	ein·stellen (sich)	4
deuten	4 / 49	ein·atmen	4 / 49	ein·stürzen	4 / 31
dichten	4 / 49	ein·behalten	27	ein·tauschen	4
dienen	4	ein·bilden (sich)	4 / 49	ein·teilen	4
diktieren, ge	4	ein·brechen	15	ein·tragen (sich)	21
diskutieren, ge	4	ein·bringen	16	ein·treffen	61
donnern	4 / 28	ein·dringen	62	ein·wandern	4 / 28
drängen	4	ein·fahren	21	ein·wenden	4 / 49
dran·kommen	33	ein·frieren	64		

183

ein·werfen	(67)	ergänzen, ge	(4)/(31)	erwidern, ge	(4)/(28)
ein·willigen	(4)	ergehen, ge	(25)	erzählen, ge	(4)
ein·zahlen	(4)	erhalten, ge	(27)	erzeugen, ge	(4)
ein·ziehen	(70)	erhöhen (sich), ge	(4)	erziehen, ge	(70)
ekeln (sich)	(4)/(28)	erholen (sich), ge	(4)	erzielen, ge	(4)
empfangen, ge	(22)	erinnern (sich), ge	(4)/(28)	erzwingen, ge	(62)
empfinden, ge	(23)	erkälten (sich), ge	(4)/(49)	**essen**	(20)
empören (sich), ge	(4)	erkennen, ge	(45)	existieren, ge	(4)
enden	(4)/(49)	erklären, ge	(4)		
entdecken, ge	(4)	erkundigen (sich), ge	(4)	**F**	
entfernen (sich), ge	(4)	erlassen, ge	(36)	**fahren**	(21)
entführen, ge	(4)	erlauben (sich), ge	(4)	fälschen	(4)
enthalten (sich), ge	(27)	erleben, ge	(4)	falten	(4)/(49)
entlassen, ge	(36)	erledigen (sich), ge	(4)	**fangen**	(22)
entlaufen, ge	(37)	erleichtern, ge	(4)/(28)	fassen	(4)/(31)
entleihen, ge	(39)	erlernen, ge	(4)	fasten	(4)/(49)
entmutigen, ge	(4)	ermahnen, ge	(4)	faulenzen	(4)/(31)
entnehmen, ge	(5)	ermöglichen, ge	(4)	faxen	(4)/(31)
entrichten, ge	(4)/(49)	ermüden, ge	(4)/(49)	fegen	(4)
entschädigen, ge	(4)	ermutigen, ge	(4)	fehlen	(4)
entscheiden (sich), ge	(14)/(49)	ernähren (sich), ge	(4)	fehl·schlagen	(21)
		erneuern (sich), ge	(4)/(28)	feiern	(4)/(28)
entschließen (sich), ge	(24)	ernten	(4)/(49)	fern·sehen	(55)
entschuldigen (sich), ge	(4)	eröffnen, ge	(4)/(49)	fertigen	(4)
entspannen (sich), ge	(4)	erraten, ge	(46)	fest·halten (sich)	(27)
entsprechen, ge	(15)	erreichen, ge	(4)	festigen (sich)	(4)
entstehen, ge	(59)	errichten, ge	(4)/(49)	fest·legen (sich)	(4)
enttäuschen, ge	(4)	erschallen, ge	(4)	fest·machen	(4)
entwerfen, ge	(67)	erscheinen, ge	(14)	fest·nehmen	(5)
entwickeln (sich), ge	(4)/(28)	ersetzen, ge	(4)/(31)	fest·stellen	(4)
erarbeiten, ge	(4)/(49)	ersparen (sich), ge	(4)	filmen	(4)
erbauen, ge	(4)	erstatten, ge	(4)/(49)	**finden (sich)**	(23)
erben	(4)	erstaunen, ge	(4)	fischen	(4)
erblicken, ge	(4)	ersticken, ge	(4)	flattern	(4)/(28)
ereignen (sich), ge	(4)/(8)	erstrecken (sich), ge	(4)	flehen	(4)
erfahren, ge	(21)	erteilen, ge	(4)	flicken	(4)
erfinden, ge	(23)	ertragen, ge	(21)	fliegen	(50)
erfordern, ge	(4)/(28)	ertrinken, ge	(62)	fliehen	(50)
erforschen, ge	(4)	**erwägen**, ge	(19)	**fließen**	(24)
erfrieren, ge	(64)	erwarten, ge	(4)/(49)	fluchen	(4)
erfüllen (sich), ge	(4)	erweitern (sich), ge	(4)/(28)	flüchten (sich)	(4)/(49)
				flüstern	(4)/(28)

folgen	(4)
folgern	(4)/(28)
fördern	(4)/(28)
fordern	(4)/(28)
formen	(4)
forschen	(4)
fort·führen	(4)
fort·pflanzen (sich)	(4)/(31)
fort·setzen (sich)	(4)/(31)
fotografieren, ge	(4)
fragen (sich)	(4)
frei·lassen	(36)
fressen	(20)
freuen (sich)	(4)
frieren	(64)
frühstücken	(4)
fügen (sich)	(4)
fühlen (sich)	(4)
führen	(4)
füllen	(4)
funktionieren, ge	(4)
fürchten (sich)	(4)/(49)
füttern	(4)/(28)

G

gähnen	(4)
garantieren, ge	(4)
gebrauchen, ge	(4)
gedeihen, ge	(39)
gefährden, ge	(4)/(49)
gehen	(25)
gehorchen, ge	(4)
gehören, ge	(4)
geizen	(4)/(31)
gelangen, ge	(4)
geleiten, ge	(4)/(49)
gelingen, ge	(62)
genehmigen (sich), ge	(4)
genießen, ge	(24)
genügen, ge	(4)
geraten, ge	(46)
geschehen, ge	(55)

gestalten, ge	(4)/(49)
gestatten (sich), ge	(4)/(28)
gestehen, ge	(59)
gewähren, ge	(4)
gewinnen, ge	(11)
gewöhnen (sich), ge	(4)
gießen	(24)
glänzen	(4)
glätten (sich)	(4)/(49)
glauben	(4)
gleichen (sich)	(26)
gleich·stellen	(4)
gleich·tun	(63)
gliedern (sich)	(4)/(28)
glücken	(4)
glühen	(4)
graben	(21)
gratulieren, ge	(4)
greifen	(26)
grenzen	(4)/(31)
grollen	(4)
grübeln	(4)/(28)
gründen	(4)/(49)
grünen	(4)
grüßen (sich)	(4)/(31)
gucken	(4)
gurgeln	(4)/(28)
guttun	(63)
gut·heißen	(31)

H

haben	(2)
haften	(4)/(49)
hageln	(4)/(28)
halten (sich)	(27)
hämmern	(4)/(28)
handeln (sich)	(28)
handhaben	(4)
hängen	(29)
hassen	(4)/(31)
hasten	(4)/(49)
häufen (sich)	(4)

heben	(30)
heilen	(4)
heim·kehren	(4)
heiraten	(4)/(49)
heißen	(31)
heizen	(4)/(31)
helfen	(32)
hemmen	(4)
heraus·fordern	(4)/(28)
herrschen	(4)
her·stellen	(4)
herum·gehen	(25)
herum·treiben (sich)	(14)
hervor·bringen	(16)
hervor·rufen	(47)
hetzen	(4)/(31)
heucheln	(4)/(28)
heulen	(4)
hinaus·werfen	(67)
hinaus·zögern	(4)/(28)
hindern	(4)/(28)
hinein·legen	(4)
hin·führen	(4)
hin·halten	(27)
hinken	(4)
hin·legen	(4)
hin·setzen (sich)	(4)/(31)
hintergehen, ge	(25)
hinterlassen, ge	(36)
hin·weisen	(53)
hoch·heben	(30)
hocken	(4)
hoffen	(4)
holen (sich)	(4)
hopsen	(4)/(31)
horchen	(4)
hören	(4)
hungern	(4)/(28)
hupen	(4)
hüpfen	(4)
husten	(4)/(49)

hüten (sich) ④/㊾

I

ignorieren, ge ④
impfen ④
importieren, ge ④
informieren (sich), ge ④
inne·haben ②
inne·halten ㉗
inne·wohnen ④
integrieren (sich), ge ④
interessieren (sich), ge ④
interviewen, ge ④
irre·führen ④
irren (sich) ④

J

jagen ④
jammern ④/㉘
jubeln ④/㉘
jucken ④

K

kämmen (sich) ④
kämpfen ④
kassieren, ge ④
kauen ④
kauern ④/㉘
kaufen ④
kehren ④
keimen ④
kennenlernen (sich) ④
kennen ㊺
kennzeichnen ④/㊾
kichern ④/㉘
kippen ④
klagen ④
klappen ④
klappern ④/㉘
klären (sich) ④
klauen ④
kleben ④
kleiden ④/㊾

klemmen ④
klettern ④/㉘
klicken ④
klingeln ④/㉘
klopfen ④
knabbern ④/㉘
knallen ④
kneifen ㉖
kneten ④/㊾
knicken ④
knien ④
knistern ④/㉘
knoten ④/㊾
knüpfen ④
kochen ④
kommandieren, ge ④
kommen ㉝
können ㉞
kontrollieren (sich), ge ④
konzentrieren (sich), ge ④
kopieren, ge ④
korrigieren (sich), ge ④
kosten ④/㊾
krachen ④
krähen ④
kränken ④
kratzen (sich) ④/㉛
kreisen ④/㉛
kreuzen (sich) ④/㉛
kriegen ④
krümmen (sich) ④
kühlen ④
kümmern (sich) ④/㉘
kündigen ④
kürzen ④/㉛
küssen (sich) ④/㉛

L

lächeln ④/㉘
lachen ④
laden ㉟
lagern ④/㉘

lähmen ④
landen ④/㊾
langweilen (sich) ④
lassen ㊱
lauern ④/㉘
laufen ㊲
lauschen ④
lauten ④/㊾
läuten ④/㊾
leben ④
lecken (sich) ④
leeren ④
legen (sich) ④
lehnen (sich) ④
lehren ④
leidtun ㊿③
leiden ㊳
leihen (sich) ㊴
leisten (sich) ④/㊾
leiten ④/㊾
lenken ④
lernen ④
lesen ㊵
leuchten ④/㊾
lieben ④
liefern ④/㉘
liegen ㊶
lindern ④/㉘
loben ④
locken ④
lohnen (sich) ④
löschen ④
lösen (sich) ④/㉛
los·lassen ㊱
lüften ④/㊾
lügen ㊷
lutschen ④

M

machen ④
mähen ④
mahnen ④

malen	(4)	müssen	(44)	**P**	
mangeln	(4)/(28)	mutmaßen	(4)/(31)	paaren (sich)	(4)
markieren, ge	(4)			pachten	(4)/(49)
marschieren, ge	(4)	**N**		packen	(4)
maskieren (sich), ge	(4)	nach·ahmen	(4)	parken	(4)
mäßigen (sich)	(4)	nach·bestellen, ge	(4)	passen	(4)/(31)
meckern	(4)/(28)	nach·denken	(17)	passieren, ge	(4)
meiden	(14)/(49)	nach·forschen	(4)	pfeifen	(26)
meinen	(4)	nach·fragen	(4)	pflanzen	(4)/(31)
meistern	(4)/(28)	nach·gehen	(25)	pflastern	(4)/(28)
melden (sich)	(4)/(49)	nach·holen	(4)	pflegen (sich)	(4)
merken (sich)	(4)	nach·lassen	(36)	pflücken	(4)
messen (sich)	(20)	nach·schlagen	(21)	pfuschen	(4)
mieten	(4)/(49)	nach·lesen	(40)	pilgern	(4)/(28)
mildern	(4)/(28)	nach·sagen	(4)	plagen (sich)	(4)
mindern	(4)/(28)	nach·sehen	(55)	planen	(4)
mischen	(4)	nach·weisen	(53)	plappern	(4)/(28)
missachten, ge	(4)/(49)	nagen	(4)	platzen	(4)/(31)
missbrauchen, ge	(4)	nähen	(4)	plündern	(4)/(28)
missen	(4)/(31)	nähern (sich)	(4)/(28)	prahlen	(4)
misshandeln, ge	(28)	**nehmen**	(5)	präsentieren (sich), ge	(4)
misslingen, ge	(62)	neigen (sich)	(4)	predigen	(4)
misstrauen, ge	(4)	**nennen**	(45)	pressen	(4)/(31)
missverstehen, ge	(59)	nicken	(4)	proben	(4)
mit·arbeiten	(4)/(49)	nieder·lassen (sich)	(36)	probieren, ge	(4)
mit·hören	(4)	niesen	(4)/(31)	produzieren, ge	(4)
mit·bringen	(16)	nippen	(4)	protestieren, ge	(4)
mit·kommen	(33)	nörgeln	(4)/(28)	prüfen	(4)
mit·nehmen	(5)	notieren, ge	(4)	prügeln (sich)	(4)/(28)
mit·reißen	(12)	nötigen	(4)	pumpen	(4)
mit·spielen	(4)	nummerieren, ge	(4)	pusten	(4)/(49)
mit·teilen (sich)	(4)	nützen	(4)/(31)	putzen (sich)	(4)/(31)
mit·wirken	(4)				
mixen	(4)/(31)	**O**		**Q**	
mogeln	(4)/(28)	öffnen (sich)	(4)/(49)	quälen (sich)	(4)
mögen	(43)	ölen	(4)	qualmen	(4)
morden	(4)/(49)	operieren, ge	(4)	quatschen	(4)
mühen (sich)	(4)	opfern (sich)	(4)/(28)	quetschen (sich)	(4)
münden	(4)/(49)	ordnen	(4)/(49)	quietschen	(4)
murmeln	(4)/(28)	organisieren, ge	(4)		
murren	(4)	orientieren (sich), ge	(4)	**R**	
				rächen (sich)	(4)

Verb	Nr.
Rad fahren	21
ragen	4
rahmen	4
rasen	4 / 31
rasieren (sich), ge	4
rasten	4 / 49
raten	46
rauben	4
rauchen	4
räumen	4
rauschen	4
reagieren, ge	4
rechnen	4 / 49
rechtfertigen (sich), ge	4
reden	4 / 49
regeln	4 / 28
regen (sich)	4
regieren, ge	4
regnen	4 / 49
reiben (sich)	14
reichen	4
reifen	4
reinigen	4
reisen	4 / 31
reißen	12
reiten	38
reizen	4 / 31
rennen	45
reparieren, ge	4
reservieren, ge	4
resultieren, ge	4
retten (sich)	4 / 49
richten	4 / 49
riechen	64
ringen	62
riskieren, ge	4
rodeln	4 / 28
rollen	4
rosten	4 / 49
rösten	4 / 49
rücken	4

Verb	Nr.
rück·fragen	4
rudern	4 / 28
rufen	47
ruhen	4
rühren (sich)	4
rutschen	4
rütteln	4 / 28

S

Verb	Nr.
säen	4
sägen	4
sagen	4
sammeln	4 / 28
sättigen	4
säubern	4 / 28
saugen	48
säumen	4
schaden (sich)	4 / 49
schälen	4
schalten	4 / 49
schämen (sich)	4
schärfen	4
schauen	4
schaufeln	4 / 28
schaukeln	4 / 28
scheiden	14 / 49
scheinen	14
scheitern	4 / 28
schellen	4
schenken	4
scherzen	4 / 31
scheuen (sich)	4
schicken	4
schieben	50
schießen	24
schildern	4 / 28
schimmeln	4 / 28
schimpfen	4
schinden	51
schlachten	4 / 49
schlagen (sich)	10 / 21
schlängeln (sich)	4 / 28

Verb	Nr.
schleichen	26
schleifen	4 / 26
schlendern	4 / 28
schleudern	4 / 28
schließen (sich)	24
schlingen	62
schluchzen	4 / 31
schlucken	4
schlüpfen	4
schmähen	4
schmälern	4 / 28
schmecken	4
schmeicheln	4 / 28
schmeißen (sich)	12
schmelzen	52
schmerzen	4 / 31
schmieden	4 / 49
schminken (sich)	4
schmücken (sich)	4
schmuggeln	4 / 28
schmunzeln	4 / 28
schnallen	4
schnüren	4
schnarchen	4
schneiden (sich)	38
schneidern	4 / 28
schneien	4
schnitzen	4 / 31
schnuppern	4 / 28
schonen (sich)	4
schrauben	4
schreiben	14
schreien	53
schreiten	38
schubsen	4 / 31
schulden	4 / 49
schütteln (sich)	4 / 28
schütten	4 / 49
schützen (sich)	4 / 31
schwächen	4
schwanken	4

schwatzen	(4)/(31)	sprengen	(4)	streiten (sich)	(38)
schweben	(4)	sprießen	(24)	streuen	(4)
schweigen	(14)	springen	(62)	strömen	(4)
schwenken	(4)	spritzen	(4)/(31)	studieren, ge	(4)
schwimmen	(11)	spucken	(4)	stürmen	(4)
schwindeln	(4)/(28)	spülen	(4)	stürzen (sich)	(4)/(31)
schwinden	(23)	spüren	(4)	suchen	(4)
schwingen (sich)	(62)	stammen	(4)	sündigen	(4)
schwitzen	(4)/(31)	stärken (sich)	(4)	süßen	(4)/(31)
schwören	(54)	starren	(4)		
segeln	(4)/(28)	starten	(4)/(49)	**T**	
segnen	(4)/(49)	statt·finden	(23)	tadeln	(4)/(28)
sehen	(55)	staunen	(4)	tanken	(4)
sehnen (sich)	(4)	stechen	(15)	tanzen	(4)/(31)
sein	(1)	stecken	(4)	tarnen (sich)	(4)
senken (sich)	(4)	**stehen**	(59)	tauchen	(4)
servieren, ge	(4)	stehen bleiben	(14)	tauen	(4)
setzen (sich)	(4)/(31)	steigen	(14)	tauschen	(4)
seufzen	(4)/(31)	steigern (sich)	(4)/(28)	täuschen (sich)	(4)
sichern	(4)/(28)	stellen (sich)	(4)	teilen (sich)	(4)
sieben	(4)	sterben	(67)	teil·nehmen	(5)
sieden	(56)	steuern	(4)/(28)	telefonieren, ge	(4)
siegen	(4)	stieben	(50)	testen	(4)/(49)
singen	(57)	stiften	(4)/(49)	tippen	(4)
sinken	(23)	still·legen	(4)	toben	(4)
sinnen	(11)	stimmen	(4)	tönen (sich)	(4)
sollen	(58)	stinken	(62)	töten	(4)/(49)
sonnen (sich)	(4)	stocken	(4)	tot·schlagen	(21)
sorgen (sich)	(4)	stöhnen	(4)	tragen (sich)	(21)
sparen	(4)	stolpern	(4)/(28)	trainieren, ge	(4)
spaßen	(4)/(31)	stopfen	(4)	trampeln	(4)/(28)
spazieren gehen	(25)	stoppen	(4)	tränken	(4)
speien	(53)	stören	(4)	transportieren, ge	(4)
speisen	(4)/(31)	**stoßen (sich)**	(60)	trauen (sich)	(4)
spenden	(4)/(49)	strafen	(4)	träumen	(4)
sperren (sich)	(4)	strahlen	(4)	**treffen (sich)**	(61)
spielen	(4)	streben	(4)	treiben	(14)
spinnen	(11)	strecken (sich)	(4)	trennen (sich)	(4)
spitzen	(4)/(31)	streichen	(26)	**trinken**	(62)
spotten	(4)/(49)	streifen	(4)	trocknen	(4)/(49)
sprechen	(15)	streiken	(4)	trödeln	(4)/(28)
				trommeln	(4)/(28)

tropfen (4)
trösten (sich) (4)/(49)
trotzen (4)/(31)
trügen (42)
tummeln (sich) (4)/(28)
tun (63)
turnen (4)

U

übel nehmen (5)
üben (sich) (4)
überanstrengen (sich), ge (4)
überarbeiten (sich), ge (4)/(49)
überdenken, ge (17)
überfahren, ge (21)
überfliegen, ge (50)
überfordern, ge (4)/(28)
übergehen, ge (25)
überholen, ge (4)
überleben, ge (4)
überlegen (sich), ge (4)
übernachten, ge (4)/(49)
übernehmen (sich), ge (5)
überprüfen, ge (4)
überqueren, ge (4)
überraschen, ge (4)
überreden, ge (4)/(49)
überschätzen (sich), ge (4)/(31)
überschneiden (sich), ge (38)
überschwemmen, ge (4)
übersehen, ge (55)
über·setzen (4)/(31)
übersetzen (4)/(31)
überstehen, ge (59)
übersteigen, ge (14)
übertragen, ge (21)
übertreiben, ge (14)
überwachen, ge (4)
überweisen, ge (53)

überwinden (sich), ge (23)
überzeugen (sich), ge (4)
umarmen (sich), ge (4)
um·bringen (sich) (16)
um·drehen (sich) (4)
umfassen, ge (4)/(31)
um·gehen (25)
umgehen, ge (25)
um·graben (21)
um·kehren (4)
um·kommen (33)
um·rühren (4)
um·schalten (4)/(49)
um·steigen (14)
um·stoßen (60)
um·tauschen (4)
um·ziehen (sich) (70)
unterbrechen, ge (15)
unterdrücken, ge (4)
unter·gehen (25)
unterhalten (sich), ge (27)
unternehmen, ge (5)
unterrichten, ge (4)/(49)
untersagen, ge (4)
unterschätzen, ge (4)/(31)
unterscheiden (sich), ge (14)/(49)
unterschlagen, ge (21)
unterschreiben, ge (14)
unterstreichen, ge (26)
unterstützen, ge (4)/(31)
untersuchen, ge (4)
unter·tauchen (4)
urteilen (4)

V

verabreden (sich), ge (4)/(49)
verabscheuen, ge (4)
verachten (sich), ge (4)/(49)
verändern (sich), ge (4)/(28)
verantworten (sich), ge (4)/(49)

verärgern, ge (4)/(28)
verbergen (sich), ge (67)
verbessern (sich), ge (4)/(28)
verbeugen (sich), ge (4)
verbinden, ge (23)
verbitten (sich), ge (13)
verblühen, ge (4)
verbluten, ge (4)/(49)
verbrauchen ge (4)
verbrechen, ge (15)
verbrennen (sich), ge (45)
verbringen, ge (16)
verdächtigen, ge (4)
verdanken, ge (4)
verderben, ge (67)
verdienen, ge (4)
verdrießen, ge (24)
verehren, ge (4)
vereinbaren, ge (4)
vereinfachen, ge (4)
verfilmen, ge (4)
verfluchen, ge (4)
verfolgen, ge (4)
verführen, ge (4)
vergessen, ge (20)
vergewissern (sich), ge (4)/(28)
vergleichen (sich), ge (26)
vergrößern (sich), ge (4)/(28)
verhaften, ge (4)/(49)
verhalten (sich), ge (27)
verhandeln, ge (4)/(28)
verhindern, ge (4)/(28)
verhören (sich), ge (4)
verhungern, ge (4)/(28)
verirren (sich), ge (4)
verkaufen (sich), ge (4)
verkleiden (sich), ge (4)/(49)
verkürzen (sich), ge (4)/(31)
verlangen, ge (4)
verlängern (sich), ge (4)/(28)

erleihen, ge	(39)
erletzen (sich), ge	(4)/(31)
erleugnen, ge	(4)/(49)
erlieben (sich), ge	(4)
erlieren (sich), ge	(64)
erloben (sich), ge	(4)
erloren gehen	(25)
ermehren (sich), ge	(4)
ermieten, ge	(4)/(49)
ermögen, ge	(43)
ermuten, ge	(4)/(49)
ernachlässigen, ge	(4)
ernichten, ge	(4)/(49)
eröffentlichen, ge	(4)
erpacken, ge	(4)
erpassen, ge	(4)/(31)
erraten (sich), ge	(46)
erreisen, ge	(4)/(31)
ersammeln (sich), ge	(4)/(28)
erschenken, ge	(4)
erschlechtern (sich), ge	(4)/(28)
erschlimmern (sich), ge	(4)/(28)
erschlucken (sich), ge	(4)
erschreiben (sich), ge	(14)
erschweigen, ge	(14)
erschwinden, ge	(23)
erschwören (sich), ge	(54)
ersichern (sich), ge	(4)/(28)
ersöhnen (sich), ge	(4)
erspäten, sich, ge	(4)/(49)
ersprechen (sich), ge	(15)
erstärken (sich), ge	(4)
erstecken (sich), ge	(4)
erstehen (sich), ge	(59)
ersuchen, ge	(4)
erteidigen (sich), ge	(4)
erteilen (sich), ge	(4)
ertragen (sich), ge	(21)

vertrauen, ge	(4)
verursachen, ge	(4)
verurteilen, ge	(4)
verwandeln (sich), ge	(4)/(28)
verwechseln, ge	(4)/(28)
verweisen, ge	(53)
verwenden, ge	(4)
verwirklichen (sich), ge	(4)
verwirren, ge	(4)
verwöhnen (sich), ge	(4)
verzaubern, ge	(4)/(28)
verzeihen (sich), ge	(39)
verzichten, ge	(4)/(49)
verzögern (sich), ge	(4)/(28)
verzweifeln, ge	(4)/(28)
vollenden, ge	(4)/(49)
voraus·sagen	(4)
vor·bereiten (sich), ge	(4)/(49)
vor·beugen (sich)	(4)
vor·finden	(23)
vor·gehen	(25)
vor·haben	(2)
vor·kommen	(33)
vor·nehmen (sich)	(5)
vor·schlagen	(21)
vor·stellen (sich)	(4)
vor·tragen	(21)
vor·ziehen	(70)

ⓦ

wachen	(4)
wachsen	(65)
wagen	(4)
wählen	(4)
wahr·nehmen	(5)
wandern	(4)/(28)
wärmen (sich)	(4)
warnen	(4)
warten	(4)/(49)
waschen (sich)	(65)
wechseln	(4)/(28)

wecken	(4)
weg·fahren	(21)
weg·laufen	(37)
weg·werfen	(67)
wehren (sich)	(4)
wehtun (sich)	(63)
weichen	(26)
weigern (sich)	(4)/(28)
weinen	(4)
weisen	(53)
weiter·gehen	(25)
welken	(4)
wenden (sich)	(4)/(66)
werben	(67)
werden	(3)
werfen	(67)
wetten	(4)/(49)
wickeln	(4)/(28)
widerlegen, ge	(4)
widersetzen (sich), ge	(4)/(31)
widersprechen (sich), ge	(15)
wiederholen (sich), ge	(4)
wiedersehen (sich)	(55)
wiegen	(50)
winden (sich)	(23)
winken	(4)
wirken	(4)
wischen	(4)
wissen	(68)
wohnen	(4)
wollen	(69)
wringen	(62)
wuchern	(4)/(28)
wundern (sich)	(4)/(28)
wünschen (sich)	(4)

ⓩ

zahlen	(4)
zählen	(4)
zanken (sich)	(4)
zaubern	(4)/(28)

zeichnen ④/㊾
zeigen (sich) ④
zerbrechen, ~~ge~~ ⑮
zerkleinern, ~~ge~~ ④/㉘
zerreißen (sich), ~~ge~~ ⑫
zerren ④
zerstören, ~~ge~~ ④
zeugen ④
ziehen (70)
zielen ④
zittern ④/㉘
zögern ④/㉘
zu·bereiten, ~~ge~~ ④/㊾
züchten ④/㊾
zu·fügen (sich) ④
zu·hören ④
zu·lassen ㊱
zu·machen ④
zu·muten (sich) ④/㊾
zünden ④/㊾
zu·nehmen ⑤
zurecht·kommen ㉝
zurück·fahren ㉑
zurück·laufen ㊲
zurück·legen ④
zurück·verlangen, ~~ge~~ ④
zurück·ziehen (sich) (70)
zu·sagen ④
zusammen·arbeiten ④/㊾
zusammen·fassen ④/㉛
zusammen·gehören ④
zusammen·kommen ㉝
zusammen·legen ④
zusammen·setzen (sich) ④/㉛
zusammen·stoßen (60)
zu·schauen ④
zu·sichern ④/㉘
zu·stimmen ④
zu·trauen (sich) ④
zu·treffen (61)
zuwider·handeln ④/㉘
zweifeln ④/㉘
zwingen (sich) (62)